2006年10月15日，时任浙江省省长吕祖善、国际奥委会原副主席何振梁会见省群众体育工作者先进代表（左上方二为本书作者）

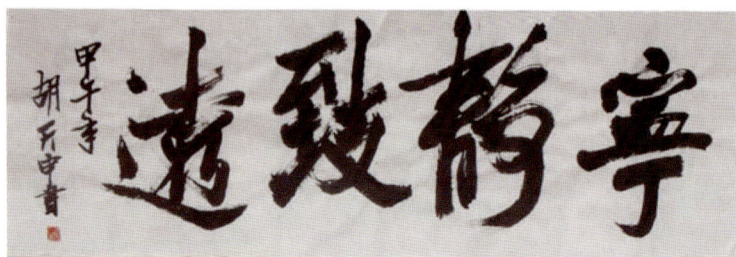

宁静致远

甲午年 胡开申书

作者书法作品（一）

滚滚去江东逝水浪花淘尽英
雄是非成败转头空青山依旧在
几度夕阳红白发渔樵江渚上
惯看秋月春风一壶浊酒喜相
逢古今多少事都付笑谈中
甲午年叁月 胡天申書

作者书法作品（二）

点点说说

DIANDIAN
SHUOSHUO

——乡村文化建设初探

胡天申 著

浙江工商大学出版社
ZHEJIANG GONGSHANG UNIVERSITY PRESS

图书在版编目(CIP)数据

点点说说：乡村文化建设初探 / 胡天申著. — 杭州：浙江工商大学出版社，2014.11
ISBN 978-7-5178-0694-3

Ⅰ. ①点… Ⅱ. ①胡… Ⅲ. ①乡镇－文化－建设－研究－中国 Ⅳ. ①G12

中国版本图书馆 CIP 数据核字(2014)第 254675 号

点点说说

——乡村文化建设初探

胡天申 著

责任编辑	张婷婷	
封面设计	包建辉	
责任校对	刘 颖	
责任印制	包建辉	
出版发行	浙江工商大学出版社	
	(杭州市教工路 198 号　邮政编码 310012)	
	(E-mail：zjgsupress@163.com)	
	(网址：http://www.zjgsupress.com)	
	电话：0571 - 88904980,88831806(传真)	
排　　版	杭州朝曦图文设计有限公司	
印　　刷	杭州恒力通印务有限公司	
开　　本	850mm×1168mm	
印　　张	4.25	
字　　数	75 千	
版印次	2014 年 11 月第 1 版　2014 年 11 月第 1 次印刷	
书　　号	ISBN 978-7-5178-0694-3	
定　　价	16.00 元	

序

　　前些天，接到老同学、老战友胡天申的来信，告诉我他继《横店风情》之后又一本著作《点点说说——乡村文化建设初探》即将付梓，让我为之作序。曾有古人云："人之患在好为人序。"虽自忖文墨浅薄，难以胜任，但碍于与天申的旧情故谊，盛情难却，只得勉力为之。

　　天申是一位执着的乡村文化建设的探索者，他把乡村文化工作作为他的毕生事业。三十多年前，天申自部队退伍后，回乡当了民办教师。但让人意想不到的是，干了五年多民办教师的他竟然放弃了转为公办教师的机会，而是投身到乡镇文化站当起了乡村文化员。而后，由于工作出色，他被提拔为乡镇办事处领导，但他仍放不下心中的乡村文化建设梦。一年未到，他竟毅然决然地辞去办事处领导职务，依旧当起他内心一直向往的乡村文化员。这样一来，用他自己的话说，"从一个黑发小伙子干到了一个白发老头子"。其实，乡村文化工作并不好做，但是什么让他能如此执着甚至近乎执拗地坚持呢？他的一番话给了最好的阐释，也令人动容："作为一名乡镇文化员，角色虽小天地大。大在直接和老百姓打交道，大在他的工作被老百姓所接受，大在他能够使老百姓图个乐。要让广大群众振作起来、健康起来、充实起来、幸福起来。"

《点点说说》这本集子收录了他二十多年来在工作和学习中所形成的文章，内容很丰富，涉及乡村文化工作的方方面面，且绝大多数已在各类报刊上发表过。这些文稿没有华丽的辞藻，也没有太多的专业术语，但从中折射出一个普通乡村文化工作者热爱乡村文化建设、探索客观规律、不断升华认识的执着追求精神，也从一个侧面或一个视角记录、反映了20世纪90年代以来乡村社会文化生活的变迁以及乡村文化建设取得的成就和存在的困难，具有较强的时代性和务实性。虽然多数篇章形成于多年前，且文中许多见解和认识也不如专家学者深刻、全面，但由于这些文稿多源于实践，源于调研，是实践经验的概括和升华，因此，其中的许多思想、观点、工作思路和方式方法，至今仍具有生命力，对当前乡村文化建设工作具有重要参考价值和借鉴意义。这本集子最突出的特点是它具有一个明确的主线和灵魂，那就是一位普通乡村文化员对乡村文化工作的爱。

人贵在活得无怨无悔。我觉得天申兄能执着于自己热爱的事业，能通过文字记录表达自己的所思所想，与大家分享,可以无怨无悔矣。

是为序!

陈德喜

2014 年 6 月于浙江师范大学初阳湖畔

陈德喜系浙江师范大学党委书记、教授、博士生导师。

目　录

东阳发现二十四块明朝大屏风

东阳市文物办最近在防军镇清塘村发现了明朝嘉靖年间担任云、贵两地监察御史的周延荣故居中尚存有大型屏风二十四块。这些屏风高达二米，每块宽五十五厘米，图案清晰，笔画细腻，具有很高的欣赏价值。

（本文发表于《金华日报》1991年9月27日第1版）

注：

1. 防军镇：清塘村现为南马镇双峰村。

2. 该村是一个古老的村落，历史悠久，人文荟萃，多民间传说和故事。

接壤地带的文化市场管理要
互通信息、通力协作

在文化市场管理中，一个突出的问题是接壤地带的文化市场管理较难。虽是同一系统，可大家互不通气，令一些不法分子有机可乘。如开展"扫黄"活动，由于甲地与乙地时间安排上有差异，往往扫到甲，躲到乙；查到乙，溜到甲。还有我市去年实行个体摊贩销售年画做证制度，由于与邻近地区不通气，本地又较严，结果都流到邻县，而邻县又采取灵活态度，乡镇文化站就可以代办证，使我们工作十分被动。因此开展互通信息和通力协作显得十分必要。我们在此呼吁，希望主管部门关注这一问题。

（本文发表于《中国文化报》1991 年 10 月 27 日第 2版）

古秘方治疗胃病疗效独特

浙江省东阳市防军镇民间医生马世淼在 1983 年初偶然发现治疗胃病的古秘方,并用于临床,收到了意想不到的疗效。十多个省市的患者纷纷慕名求治。

几年来,马世淼治疗慢性浅表性胃炎 400 多例,治愈率达 95%,有效率达 97.9%;治疗胃、十二指肠溃疡 160 多例,治愈率达 98%,有效率达 100%;愈后复发率低于 2%,根治效果显著。

(本文发表于《健康之友》1992 年 1 月 5 日第 1 版)

农村家财保险中一个不容忽视的问题

——家具、家电及其他物品的投保

　　时下,广大农村干部、村民对保险工作越来越重视,他们把参加保险视为保平安的最好办法,因而投保率越来越高,保险范围越来越广。

　　但是,在农村家财保险中普遍存在着这样一个问题:只保房屋险,忽视了家具、家电及其他物品的投保,认为保了房子这大头就好了,家具和家电什么的拎得出,捧得动,移得开,没啥。殊不知,到时损失最大的就是家具、家电等这一摊。东阳市防军镇金院村11月2日晚11点的一起火灾案例就可以充分证明这点。由于这场火灾发生在秋收冬种季节,易燃物堆积又多,13户人家,27间砖木结构的房屋顷刻间化为焦土,一人被烧死。13户人家虽都已投保,投保额超47060元,但实际价值却达135200元之多。在这场火灾中,大部分受灾户根本没能抢救出什么家具、家电,保险公司视情给予了足够的赔偿,赔偿额29092.00元,可还是相差甚远。这些受灾户接到保险公司付给的赔偿费时后悔地说："家里家具、家电及其他物品都保就好了,悔不当初只保了这么一点点。"

确实,在现代化的今天,彩电、冰箱已普遍进入农家。而彩电、冰箱等家电及家具的价值和过去建造的泥木、砖木结构房屋的价值相比,毫不逊色。因此,在动员农村干部、村民投保时,强调家具、家电及其他物品的投保尤为重要,相信经过我们的努力,群众也会接受这个建议的。

（本文发表于《浙江保险》1992年2月刊）

村务公开中的问题及对策

《中华人民共和国村民委员会组织法》第二十二条规定："村民委员会实行村务公开制度。"这就明确将村务公开列为村民自治的一项重要内容。从几年来的实践证明,村务公开是村级民主监督的一种主要方式,对于扩大基层民主,保证人民群众直接行使民主权利,推进农村基层民主建设,密切党群干群关系,促进农村的改革、发展和稳定,具有重大意义。

财务公开这项举措既深受广大农民的欢迎,同时也是当前农民普遍关注的热点问题之一。从笔者所在的 108 个行政村(居)调查的情况看,当前村务公开还存在不少问题。表现在:

1. 应付公开。一些村(居)委会把村务公开当作一种形式,采取应付态度。有的公开去年,不公开今年;有的公开上半年,不公开下半年;有的公开栏第一期内容是村务,第二期就变成了计生宣传或科技知识等;还有的村(居)只有听说上面要来人检查了,才张榜公布一下,检查人员前脚走,他们立即就给收掉。

2. 拖延公开。在一些村（居），上级要求村务公开要及时，一般一个月或两个月一次，至多不得超过三个月，而这些村（居）委会很长时间才公布一次，有的半年，有的一年，甚至更长。因此，还是难以有效发挥群众的监督作用。因为有些事时间长了，群众不一定都记得；有的时过境迁，已经无法弥补，或已失去纠正意义，这时公开已毫无意义。

3. 部分公开。根据有关规定，凡群众关心的热点问题以及村里的重大问题都应向村民公开，而有些村（居）委会却把村务公开视为财务公开，只公开收支、各项财产、债权债务、收益分配等财务事项，而对征用土地、宅基地审批、计划生育指标、集体土地和经营实体的承包、村干部的工资和奖金等涉及村民切身利益的大事，则讳莫如深。在财务上，有的也只公开一些合理合法收支情况，不合理的收支项目则不与群众见面。

4. 假账公开。这主要反映在财务公开方面。有的村干部担心其大吃大喝、挥霍公款等问题受到村民追究，便采取"两本账"方式，弄虚作假，村干部内部掌握一本账，另做一套假账。对外公布的全是假账目、假数字。从这种账上，村民绝对看不出干部多吃多占，挥霍挪用，甚至是贪污等问题。有一个村对外公布的年招待费是1000元，实际上是数万元，它用另设账目如"其他开支"一栏5万多元做账公布，使村民雾里看花。群众知情后气愤地说，这是"老鼠做洞——藏身"。

5. 装模作样。有的村(居)委会设立了多个张榜公布的地方,既有显而易见的公众场所,也有偏僻人稀的角落;既有标准规范、防风防雨的永久橱窗,也有临时简陋的墙上公布栏。问题是有的村(居)委会随心所欲,本该公布在公众场合的,却放到了无人问津的角落里;本该公布在防风防雨的永久橱窗的,却贴到了简陋的墙上,风一吹,雨一淋,全没了。这实际上是存心不让村民看,群众说:"这是村干部给我们玩花样,不让看。"

村务公开中暴露出来的问题,造成农村干群矛盾突出,应当说村民要求村务公开是理所当然的,合情合理的;村民要求明辨是非,也符合人民群众关心集体,当家做主人,履行正确行使民主监督的权利。只要把村里的家底如实告诉他们,是非曲直说清楚,干群之间的"疙瘩"就会解开,干群矛盾就会消除。总而言之,村务公开的目的就是要"给群众一个明白,还干部一个清白",从而推进农村民主法制建设,密切党群关系,促进农村的改革、发展和稳定。笔者认为,这是全面推进小康社会建设的具体行动。为此,在村务公开上,有必要在公开事项、公开形式、公开时间、公开程序上做出明确的规定,同时还应加大监督力度。具体对策是:

一、明确村务公开的主要事项

1. 村干部任期目标、年度工作目标及完成结果;

2. 村财务上年结转、收支、结存、应收、应付款；

3. 经济项目承包；

4. 计划生育；

5. 宅基地审批；

6. 优抚费及救济款物发放；

7. 水、电费；

8. 农业税、国家粮食任务；

9. 义务工、劳动积累工；

10. 多数村民要求公开的事项。

二、完善村务公开的形式

1. 在固定的村务公开栏，将公开事项逐条予以公布，并设置意见箱；

2. 通过有线广播、闭路电视，召开村民会议或村民代表会议，发放公开簿或明白卡等形式进行公布，但不得取代公开栏。

三、统一村务公开的时间

1. 在全市（县）村务公开日进行公开；

2. 下列事项要定期公开：

(1)村干部任期目标、年度工作目标年初公布，完成结果在年底公布；

(2)村财务常规性收支每季度公布一次，专项收支在项目完成后半月内公布；

（3）计划生育及相关的生育政策作常年永久性公开，生育审批结果和实际生育结果及谋划外生育情况每半年公布一次；

（4）宅基地审批，上报审批前和审批结果各公布一次；

（5）水、电费收缴每月公布一次；

（6）粮食任务下达任务和完成任务各公布一次；

（7）义务工、劳动积累工年初、年底各公布一次。

3. 下列事项要随时公开：

（1）经济项目承包；

（2）优抚费、救灾款物；

（3）需要公开的其他事项。

四、完备村务公开程序

1. 公开前应经村支委会、村委会、村经济合作社集体讨论通过，经村务公开监督小组认可，由监督小组长签字后向村民公开；

2. 村财务公开须报镇、乡、街道经管部门审核认可签署意见；村（居）干部报酬公开，须报镇、乡、街道党委、政府认定并签署意见；

3. 每次村务公开后，应听取村民反映和意见，及时予以解释和答复。绝大多数村民不赞成的事，应坚决予以纠正；

4. 建立村务公开档案，逐次登记备查。

五、加大村务公开的监督力度

1. 由村民会议或村民代表会议,党员大会推选组成一个村务公开监督小组(3—7人),在村党支部领导下开展工作,负责村务公开全程监督;

2. 接受全体村民和村民代表会议的监督;

3. 接受上级村务公开领导小组指导、检查和监督;

4. 对采取不同方式搞假公开的给予通报批评,情节严重的对主要责任人给予纪律处分;不按规定进行村务公开,造成群众集体上访,产生恶劣影响的,对主要责任人给予党纪、政纪处分。

(本文发表于《农民文摘》2003年5月26日)

横店文化产业风景正好

横店集团是一家民营的综合性企业，创办于 1975 年，共有员工 3 万多人，总部设在浙江省东阳市。近年来，集团大力发展现代文化产业，建成了亚洲规模最大的影视拍摄基地，又以影视拍摄带动了文化旅游业，使横店成了"国家 AAAA 级旅游区"。由于文化产业的规模化创造了大量新的就业机会，有效解决了"三农"问题，2001 年横店已改镇为东阳市横店街道办事处，标志着横店的城市化发生了质的飞跃。

据浙江省企业家协会、省企业联合会公布数据，截至 2002 年年底，横店集团拥有下属子公司 30 家，总资产 113 亿多元，年经营收入 94 亿元。在全国乡镇企业 2001 年"最大经营规模""最高利税总额""最大出口创汇"1000 家排序中，横店集团分别列第 3 名、第 2 名、第 4 名，列国内最大工业企业 500 家第 131 名。

文化产业建设的现状

由于横店集团做大文化产业的思路比较清晰，所

以在具体实施中,其已形成了规模化、专业化和多元化整体推进的发展格局。具体表现为:

影视基地建设。横店已建成广州街、香港街、清明上河图、秦王宫、大佛寺、江南水乡、横店老街、明清街、明清宫苑、古战场等 12 个影视拍摄基地。其中,室内拍摄基地的大摄影棚为全国之最,横店影视城总规模居亚洲第一。

2002 年 8 月又动工兴建华夏文化园。该工程规划占地 500 亩,主要吸收民间赞助资金,8 年后基本建成,将成为全国规模最大、内容最全的华夏文化景观。

展馆建设。横店已建成开放横店集团展览馆、东阳木雕博览馆、中国竹编博物馆、东阳人才博览馆、邵飘萍纪念馆、严济慈陈列馆等 12 个文化艺术展馆,在建的还有明清民居博览城。

旅游建设。以影视为龙头带动的旅游产业也在发展壮大,除横店现有的影视基地和展馆等人文景观外,横店集团已着手对自然旅游资源进行全面开发,在横店境内立项建设的有国家级森林公园、屏岩洞府、八面山、荷花芯、太子洞等自然景区。对外形成旅游专线的景区有杭州超山,正在构建边线旅游的有浦江神丽峡、磐安花溪和黄檀林场旅游区。

文化艺术建设。横店集团组建的影视文化传播公司、影视咨询公司、演出放映公司、艺术团、航空俱乐部、时装表演队等各种艺术团体,不仅得到了社会好评,而且产生了直接经济效益。此外,横店集团自 1993 年起,每年资助浙江婺剧团 20 万元,以保护地方剧种,繁荣地方文化;设立邵飘萍新闻教育基金,用于奖励中国人民大学和复旦大学新闻学院的优秀教师和学生,以支持新闻事业发展。

社区特色文化建设。横店集团为保护具有东阳特色的建筑、木雕、竹编等传统精湛工艺,弘扬社区特色文化,采取征集、收购等方法,广集艺术精品。在建的明清民居博览城采取整体搬迁、集中一地加以保护的方法,将从全国各地收购移建具有文物价值的古民房 100 幢,现已在浙江省完成移建 30 幢;木雕、竹编展馆藏品丰富,多有获全国工艺大奖的精湛之作。

发展文化产业的投入和效益

横店集团用于文化产业发展的总投资高达 282185.83 万元,其中固定资产 211490.74 万元,土地折算 70695.09 万元。主要投在以下系统(见表一):

表一

(单位:万元)

系统	总投资	固定资产	土地折算
影视旅业系统	248063.34	185079.66	62983.68
文教卫系统	29696.35	22941.09	6755.26
建设系统	4426.14	3469.99	956.15

此外,横店集团以无偿为社区服务的形式,组建了

横店演出放映公司。该公司在横店设立了 17 个放映点,每年为社区放映电影 3000 场,演戏 600 场,设备投资和正常费用达 169 万元。据统计,公司至今已接待剧团 180 个,演出戏剧、曲艺等 1052 场,观众 83 万人次;放映电影 5150 场,观众达 261 万人次。

为丰富社区的群众文化生活,横店集团出资举办了四届中国横店农民旅游节,吸引了国内外旅客和省内外观众。组建的横店艺术团全年演出 500 场,每年由企业联合会拨款 30 万元,维持艺术团正常开支。

横店集团发展文化产业由于采取了继承借鉴和改革创新并重、整体推进和重点突破结合的方法,在高起点、重规模的建设中,已初步形成大文化产业框架,并走上了经济发展与文化发展相协调、社会效益和经济效益相统一的可持续发展道路。

从社会效益看,横店的文化产业具有教育公民、陶冶情操、强化精神文明的积极作用,如广州街影视基地已先后被列为浙江省爱国主义教育基地、国防教育基地和禁毒教育基地,其他一些基地也先后被列为东阳市和金华市的各类教育基地。文化产业的兴起丰富了社区人民的精神生活,使社区的生活质量和居民的文化素质得到了显著提高,整个社区不良社会现象急剧减少,横店呈现出一派社会稳定、祥和、进步的新景象。

从经济效益看,横店文化产业的"龙头效应"带动了第三产业全面发展,创造出大量就业机会。横店影视城的直接旅游收入在保持 20％以上递增速度的基础上不断攀升,由旅游带动的餐饮住宿消费也迅速增加,横店正在迅速成为浙江省的一个新兴旅游大景区。旅游业的兴盛又带动了商贸业的发展。横店集团已建起规模巨大的国际商贸城,才半年时间就已成功地举办了国际食品与食品加工技术设备博览会等 4 个大型会展以及多个商品展销会。

横店影视城旅游的人气越来越旺,仅 2002 年上半年,横店的景区门票收入即达 5409.81 万元,旅游人次达 54 万多,据此对 2002 年全年部分指标分析,企业的直接效益如下(见表二):

表二

（单位:万元）

单位	总收入	门票收入	客房收入	餐饮收入
影视旅业	12000	3800	2200	2700
建设系统	40300			
文教卫系统	3900			
合计	56200	3800	2200	2700

单位	群众演员费	其他拍摄	娱乐	其他	全年利润
影视旅业	70	30	1200	2000	3000
建设系统					2150
文教卫系统					341.02
合计	70	30	1200	2000	5491.02

2002 年社会的直接受益则表现为：带动个体工商户 1009 户，个体工商从业人员达 5220 人，营业收入为 12538 万元；使邻近影视拍摄基地的大量农民成了相对专业的群众演员，创造收入逾 100 万元；各景区停车场收费即达 25.6 万元；由文化产业所带动的社会就业年均已达 11073 人，就业人员总收入为 15906.45 万元；全街道办事处年上缴税费为 18072 万元。

胡天申　周江峰

（本文发表于《中国文化报》2003 年 7 月 26 日第 2 版）

注：周江峰，本篇文章的第二作者，时任横店镇文化站馆员，兼任党政办副主任，现任横店镇纪委书记。

要善待上了年纪的乡镇事业工作人员

随着《中华人民共和国公务员法》的正式实施,乡镇政府里的工作人员分类已一目了然,行政和事业的工资福利待遇也截然不同。伴随着乡镇政府机构改革的不断深入,事业人员逐渐成了分流和精简对象,留下的也为数不多,除了 20 世纪 90 年代末期招进的部分大学生外,年龄大都在 50 岁上下。一个时期以来,有些报刊指责这些乡镇七站八所的工作人员,把一些不应该他们承担的历史责任一股脑儿推在他们身上,还有一些年轻的乡镇领导嘲弄他们在竞争大潮中落伍。笔者认为:这有损公正,乡镇政府的臃肿不是他们引起,乡镇干部素质偏低更不是他们造成;嘲弄他们更是实在不应该,这是对过去这段历史的无知和嘲弄。

殊不知,历史的进步和文明是由昨天承接过来的,我们不能割断历史,没有昨天,哪有今天,更不会有明天。乡镇工作也是如此。回想当年,遭受"文化大革命"浩劫后的 20 世纪 70 年代,百废待兴,国家底子薄,乡镇工作人员少,任务又繁重,特别是推行联产承包责任制后,农业税催收及计划生育、土地管理,还有后来的教育附加费收缴,可谓是天底下三大难事。因而乡镇政府陆续从农村招选一批工作人员,选派到后来称为七站八所的事业单位工作,这批人占到整个乡镇政府机构人员的30%左右,当时来说,这批人员也算是农村的"精英"。他们为了执行当时党和政府在农村的各项方针、政策,特别是当时的三大难事,不分昼夜、刮风下雨和天寒地冻,任劳任怨,勤恳工作。为此,可谓是说尽了千言万语,想尽了千方百计,走遍了千家万户。为此他们得罪了六亲九眷,伤了亲戚朋友们的感情和面子。亲友骂他们为"畜生",六亲不认的"野人"。他们几十年来工作在本乡镇,熟悉当地风土人情,再加上他们不吃皇粮、听话、好使唤、领导派得动,他们成了乡镇政府里最忙的人。想当年计划生育他们冲在前,收缴各种规费他们干在前,处理各种疑难险重任务他们排在前。为此,他们在工作中被打破了头,负了伤、流了血,有些甚至留下终身的残疾和病根。他们这样做究竟为啥呢?

历史不应忘记他们:没有他们当年积极参与狠抓计划生育,采取高压态势,哪有如今计划生育工作的规范化、法制化;没有他们当年千家万户上门催收各种规费(上级行政部门制定的各种行政收费),哪有今天国家深厚的经济基础;没有他们当年披星戴月、挨家挨户收缴教育附加费,哪有今天乡村学校标准化一流的校舍和设施——这不是为他们评功树碑立传,而是还一个历史公道。

是的,历史是进步的,历史更是发展的。如今乡镇政府已今非昔比,鸟枪换炮了。乡镇政府工作人员大都已是大专以上高学历的文化人,身穿的不是当年咔叽土布衣,而是西装革履。步行的更是被轿车、摩托车代替。坐在气派的空调办公室中,手操电脑和手机。但我们不应该忘记乡镇政府里尚有排不上号的、上了年纪的事业工作人员,更不该忘记被精简分流、下岗的事业工作人员。要善待他们,年老无靠、生活困难的要帮助他们,照顾他们,千万不能歧视他们。和谐的社会需要方方面面的努力,上述的弱势群体更需社会关爱。让大家多一份理解,少一份指责,使他们得以温暖,让我们这个社会更加安宁和祥和。

(本文发表于《乡镇论坛》2005 年第 11 期)

我省第一首农村村歌

2001 年 5 月,东阳市横店镇沈坎头村党支部书记沈良仁为了充分反映该村改革开放以来的成果,特别是该村创建省现代化农业示范园区的深刻变化,进一步增强全村干部群众的凝聚力,请当时的东阳市文联名誉主席东方涛作词,东阳市婺剧团团长张荣平和赵建荣作曲,创作了《现代农业龙抬头》这首沈坎头村村歌。

沈坎头村村歌经传唱后,在社会上引起巨大的反响,2004 年 5 月该首村歌选送参加金华市会演获得二等奖。

(本文发表于《金华日报》2005 年 10 月 12 日第 8 版)

注:2001 年,本人既任横店镇镇东管理处党委书记,又任横店镇文化站站长。沈坎头是一个所辖行政村,在时任党支部书记沈良仁的带领下,该村成为浙江省首批现代农业示范园区之一,受到省市的奖励,为了

激励先进、张扬正气,本人邀请市文化馆、市文联领导专家,创作了这首村歌,并广为传唱。

数年后,东阳市文化馆排练参加省比赛,获得了创作、表演双金奖。

附:

我市群文艺人创作结硕果

继今年10月省委宣传部公布省精神文明建设"五个一工程奖"评奖结果,我市文化馆应兆铭创作的歌曲《花嫁娘》和李改芳创作的歌曲《山窝窝飘来畲娃的歌》荣获省"五个一工程奖"之后,我市群众文化艺术创作捷报频传。

11月中旬,省文化厅公布省首届村歌创作演唱大赛评奖结果,我市金东区赤松镇山口冯村的女声小组唱《山口逢春》(天歌作词、应兆铭作曲)和东阳横店镇沈坎头村的男声独唱《现代农业龙抬头》(东方涛作词,赵建荣、张荣平作曲)获创作、表演双金奖,永康东城街道高镇村的歌伴舞《十八蝴蝶飞起的地方》和武义柳城镇周处村的女声组唱《荷花女,畲家情》等分获银奖、铜奖。

为在省村歌大赛中取得好成绩,我市于10月底举行了市首届村歌大赛,有20首村歌参加了比赛,在党的十八大召开前夕,用歌声展示了我市社会主义新农村建设成果。

同月,在省第三届社区文化艺术节暨第11届音乐新作演唱(演奏)大赛中,歌曲《等待》(王晓明作词、应兆铭作曲)从全省158个音乐作品中脱颖而出,获创作、表演双金奖,市三农艺术团的乐曲《金华斗牛》获创作、表演双银奖。

12月,全省第二届少儿组唱、表演唱大赛上又传来喜讯,在11个创作金奖中,金华市文化馆创作和辅导的表演唱《弯弯歌》、组合《shilili 哦啦哩》和表演唱《採呀採》获创作金奖,其中《shilili 哦啦哩》和《弯弯歌》还获表演金奖,表演唱《採呀採》获表演银奖。

(本文发表于《金华日报》2012年12月23日第4版金报副刊:文化;作者:戚军)

注:戚军,金华市文化馆研究馆员。

为何乡镇文化站发展难

一、从文化站外部看

领导的认识、对文化事业的投入及奖惩手段的实施，是一个文化站生存的必备条件。

1. 从当前乡镇调查中发现：乡镇中许多工作都与县市签订工作责任书，如计划生育、社会综合治理、教育、卫生、林业、水利、党建等，就是人们通常所说的，经济是硬指标，领导动真的。上下各级都立有军令状，做得好看得见、摸得着，领导能晋升，而文化是软的，不像上面这些见效快。

2. 部分领导，特别是乡镇主要领导对文化站的性质任务认识不明确，喜欢直观思维，仍热衷于"通不通，三分钟"，对这润物细无声、潜移默化的文化工作不感兴趣。一讲文化，就是教育、卫生、计划生育，要投入，就是教学大楼、宿舍、医院、计划生育四项手术。

3. 从经济角度看，乡镇文化站是光投入，没有收入，而且年复一年都需要投入，许多人认为是个"无底洞"。

4. 文化事业投资体制不够完善。从现实看,文化财政支出增长速度低于政府财政收入增长速度,文化事业投入横向比较远低于卫生和教育事业投入,农村文化事业投入又远低于城市文化事业投入。据调查,乡镇政府文化事业投入不足明显地存在轻文化倾向,文化活动经费一年到头几乎等于零。由于地方各级政府干部考核制度明显地重经济发展而轻文化事业的倾向,兼之领导干部的观念偏差,致使乡镇政府始终难以将文化事业列为中心工作之一,文化事业在领导心目中地位不够重要,资金投入不够也不足为奇。

二、从文化站内部看

文化站办站条件落后,导致功能的不完备,同时文化站干部素质参差不齐又制约和影响文化站的发展。长期以来,乡镇文化站是一间房子,一张桌子,一条椅子,一块牌子。这个现象目前在许多乡镇文化站仍然到处可见,并没有多大改观。从调查分析中,有如下现象值得大家深思:

1. 势单力薄。乡镇文化站人员少,其实难以立站。据东阳市乡镇文化站统计情况看:20 世纪 80 年代初期立站时,大部分乡镇是一人一站,撤扩并后,多则 6 人,少则 2 人,大部分文化站干部分散于镇下辖的各个工作片,真正在乡镇文化站工作的,可谓寥寥无几。

2. 无经费保障。众所周知，乡镇文化站没有活动经费，再加现在大部分乡镇都借钱过日子，要活动，一是向党委、政府申请经费，二是向社会仁人志士要捐款，长此以往，总不是个好办法。

3. 无人事权。乡镇文化站虽有公章、站长，但行使起来的确是空的，只有站长一人干事、担责任，也无权调动所属人员，更谈不上将人员调进调出。

4. 文化站干部参差不齐，没有进出机制，几十年一贯制。以东阳市乡镇文化站干部为例，现有文化站干部60名，年龄50岁以上21人，40～50岁21人，30～40岁13人，30岁以下5人。大专以上文化程度7人，高中文化程度37人，初中文化程度16人。

5. 力不从心。文化站干部为了奖金、福利与其他干部的同等，不得不身兼数职。据调查，东阳乡镇60名文化站干部都兼有不同身份的行政工作，少则驻村，多则一个人还担任了3个行政职务（组织员、纪委委员、副片长）。其他还有如团委书记、妇联主席、政法办主任、工作片片长、办公室主任、秘书、出纳、招商部长等，真是八个小时以内种人家的田，八个小时以外种自己的地。即使有强烈的责任心，也是力不从心，体力难支。

6. 没有奖惩机制。乡镇文化站干部，干得最好是退休后领到退休金，几十年在乡镇默默无闻，而行政工作干得好有奔头，有提拔重用的机会。

综上所述,领导对文化站的认识,资金投入的安排,以及人才交流提拔和奖惩手段的实施决定着乡镇文化站的生存条件,从而影响文化站干部的命运,而文化站干部的素质同时也影响和制约乡镇文化站的发展。如同伟人毛主席所说的,内因是变化的根据,外因是变化的条件,外因通过内因起作用。文化站与文化站干部是一个有机的整体。一个文化站应为文化站干部配备各种活动必备的条件,使之能有展现才干的舞台;而文化站干部则必须具备优秀的文化素质,这样两者和谐,才能有声有色。解决文化站发展难,既要营造一个领导高度重视、全社会关注文化的社会氛围,更要造就一支高素质的乡镇文化站干部队伍,两者缺一不可。

(本文发表于《群众文化》2005年专辑第22期)

注:本文在全国文化站建设发展与群众文化发展研讨会获优秀奖。

为了让长征精神永放光芒

——来自横店红军长征博览城的报告

位于浙江中部的横店红军长征博览城自 2005 年 10 月建成后,引起了人们的广泛关注,截至 2005 年 12 月底,参观人数就达 12 万人次。横店红军长征博览城被中国关心下一代工作委员会定为"全国青少年国防教育活动基地",被共青团中央中国青少年社会服务中心定为"中国青少年爱国主义教育示范基地",被浙江省人民政府命名为"浙江省国防教育基地"。

横店红军长征博览城占地 9000 多亩,总投资 3 亿多元。其是以造景还原反映红军长征史实的红军长征主题公园,以征集展示军事科技装备的国防科技教育和配套建设的民兵青少年训练基地等三大主体建设为主体,不仅使横店这个国家级的影视产业实验区有了可供战争、军事和航天科技等影视题材拍摄的实景基地,还使旅游与教育有机结合,成为红色旅游的经典景区。

红军长征主题公园根据红军长征所经历的重要会

议、重大事件及重大战役的史实，以江西瑞金苏维埃政府所在地为发端，按长征顺序再现了长征所历的湘江之战、突破乌江、遵义会议、四渡赤水乃至过雪山草地、胜利会师吴起镇等历史场景，光是仿照当年旧址新建的主要景地就有41处，房屋建筑170多幢，建筑面积4万多平方米，其中重大会议15处，用翔实的资料并实物陈列，精选建造，生动再现了历史原貌。红军长征博览城的游览线路依山顺势，修有14里长的步行道和30公里长的行车道。国防科技教育园建筑面积2万平方米，包括展示兵演列阵的阅兵馆，陈列军事装备的历代兵器馆，以及可借助三维动画幻影成像，模拟推演现代战争，反映现代军事科技发展进程和前景的展览馆，反映两弹一星、载人航天和探月工程等工程的太空探索馆。

红军长征博览城通过艺术化的项目设计和创意，以全新的视角切入，依山而建，以前瞻性、观赏性、趣味性、参与性、知识性、教育性吸引群众，是展示红军长征重大事件和重大战役，以及红军将士英雄业绩的重要窗口，是进行艰苦奋斗传统教育、国防教育、爱国主义教育、青少年素质教育以及党团教育的重要基地。红军长征博览城景点，采用高科技手段，运用声、光、电等现代演示手段，置身其中，犹如行进在70年前的漫漫长征路上，用心灵在重读一卷沉甸甸的史书，激起奋发向上、战胜一切困难、去夺取更大的胜利的革命豪情。

红军长征博览城是浙江横店集团创始人徐文荣同志筹划、投资建设的。长征是历史上无与伦比的革命壮举,是中国共产党及其领导的中国工农红军创造的人间奇迹,是中华民族一部惊天动地的英雄史诗。中央红军用了368天时间走完了两万五千里长征路,50年后《经济日报》记者罗开富同志按中央红军同一月、同一日、同一线路进行徒步采访长征路,历经千辛万苦,走完了全程,并且写下了《红军长征追踪》《来自长征路上的报告》两本书。红军长征的精神深深地感动了浙江横店集团的创始人徐文荣。为了响应党中央大力提倡发展红色旅游的号召,缅怀革命先烈,继承弘扬长征精神,配合全党开展的保持共产党员先进性教育活动,在红军长征胜利70周年之际,为了让长征精神永放光芒,徐文荣同志也用368天的时间建成了"横店红军长征博览城"。

说起徐文荣同志,也许人们并不陌生,这位中国特大型民营企业——浙江横店集团的创始人是全国劳动模范、第八届全国人大代表、中国经营大师。他的魄力不在于他经营企业的高招,而在于他"平地起高楼"的胆量,当一片资源贫乏、交通闭塞的荒芜农村被成功改造成明星荟萃、游人如织的影视拍摄和旅游胜地之后,人们发现徐文荣并非当初他们以为的那样不切实际和充满空想,恰恰相反,在貌似狂想的背后,是徐文荣的反复掂量和筹划。与其他企业家走出去发展壮大不同的是,这个故土情结深厚的农民和他的企业自始至终没有离开过这片自然资源匮乏、交通条件落后的土地。在他的带领下,地处浙江中部半山区农村的一家小小缫丝厂,最终壮大成为横跨工业、农业和文化旅游业三大产业的"中国企业500强",总资产现达150亿元。当红色旅游在特定背景下成为世人关注的热点之时,徐文荣又一次逆向思维,没有红色旅游资源,可以自己创造资源,于是他拿出3亿元建造了红军长征博览城。他关于红色旅游的构想还不止于一个红军长征博览城,一片与之相连的荒山将紧随这座红军城之后开工建设,将在2005年6月底建成开放,这座占地2万余亩的山林将成为包括八路军、新四军基地在内的中国革命战争博览城……95岁高龄的女红军王定国说:"现在人们不可能重走红军长征路,随着时间的推移,人们对长征的记忆会渐渐淡去,但是长征精神是绝对不能丢的,长征精神要代代相传。横店红军长征博览城给人们提了个醒,革命先烈们曾经经历了多少艰辛才有我们现在的生活……"为此她还亲笔书写了"红军精神,代代相传"的条幅,亲手赠送给了横店红军长征博览城。

毛泽东嫡孙,军事科学院的博士研究生毛新宇是研究中国革命史的专家,他在参观横店红军长征博览城后意味深长地说:"红军长征是中国革命史上极其重要的事件;所体现的不畏困难、排除万难去争取胜利的长征精神,在现在全面建设小康社会和构建社会主义和谐社会的新时期具有同样的现实意义。我们还应该学习、继承、发扬红军长征精神。"

（本文发表于《群众文化论丛》2006 年 2 月）

注:本文获中国群众文化学会、中国文化报社小港杯"革命传统与和谐社会"征文比赛三等奖。

老百姓高兴我高兴，老百姓快乐我快乐

——一位乡镇文化员的自述

一晃，进入乡镇文化站工作已经二十多年了。当时的我从部队退伍回乡当了民办教师，在全乡上百名教师中有 8 名正式中共党员，我是其中最年轻的一位。让大家意想不到的是，干了五年多教师后，我毅然投身乡文化站，当了一名文化员，时任乡文教主任的领导感叹地对其他教师说："他（指我）可以当一名校长，以后他会后悔的。"20 世纪 90 年代后，民办教师陆续转为公办教师，剩下的 7 名党员教师全部当了各小学的校长，有的以后还进入市教育局，而我依旧是一名乡文化员。

斗转星移，到了 1999 年，市委组织部在本镇搞试点，开展"双推双考"，打破身份，干部竞争上岗。我有幸被领导和同志们所信任，坐上办事处主任的位置。可我犯难了，文化工作咋办？随即向领导表示，文化站工作不能丢，领导说："你兼吧！"我心里一阵欢喜。干了两年后，领导又派我到离镇区五公里外的镇东办事处任党委书记。这下领导和同志们满以为我会丢下文化工作,一心一意上任当书记去,可我左思右想不对,还是再三向领导表白,文化工作还是不能丢,这是我的本职,请求领导复议。当时的领导用审视的眼光对着我,放下话说:"这两头谁轻谁重,你掂量吧!"最后我还是向领导要求,既然任命已下,我去工作一年,等领导物色好人选接替我,我再回镇里。但文化工作我还是担着吧!这一年我真得两地来回跑,文化工作硬是没耽搁。就在这一年,所辖的沈坎头村农业结构调整搞得十分红火,成了省里的"现代农业示范园区",为此,我组织作家为该村创作了当时我省农村第一首村歌《现代农业龙抬头》,一经传唱,该村干部、群众拍手称赞,并在金华市会演中获得二等奖,极大地鼓舞了该村老百姓干劲,也凝聚了民心。一年不到,我毅然决然地辞去办事处党委书记一职,事后许多领导和同事们议论我,他图啥?是不是有根筋不通呀。面对大家满脸的迷惑,我还是回到自己的岗位,心胸坦荡地当了一名文化员。

二十多年的风雨充实了我的人生阅历,群众文化工作这个战线也开阔了我的视野,乡镇文化站是我人生求知求解的平台。20世纪90年代初,文化市场刚刚兴起,特别是农村乡镇文化市场出现了新问题。1991年10月27日我拿起笔,写了《接壤地带的文化市场管理要互通信息、通力合作》,被《中国文化报》采用刊登,引起了世人的共鸣和关注。面对蓬勃发展的文化产

业,特别是"东方好莱坞"浙江横店影视城的崛起,2003
年7月26日我又写了调查报告《横店文化产业风景正
好》,又被《中国文化报》采用。乡镇文化站从成立至
今,几经周折,反反复复,始终处于发展艰难的地步,为
了破解这个难题,2005年5月我几经易稿,写出了《为
何乡镇文化站发展难》的论文,被中国群众文化学会和
《中国文化报》采用,编入论文集。这条求知和探索路,
使我由黑发的小伙子变成了白发的小老头。

二十多年的奔波,二十多年的探索,二十多年的奋
斗,我没图个啥,图的是做一名乡镇文化员应该做的
事。面对群文工作中的疑惑,我不迷茫,极力想破解
它;面对群文工作中的难题,我不畏惧,义无反顾争取
努力克服它。作为一名乡镇文化员,角色虽小天地大。
大在直接和老百姓打交道,大在工作被老百姓所接受,
大在能够使老百姓图个乐。

也许,大家还没到过横店,其实横店老百姓最知道
图乐。因为在这里有一个中国横店农民旅游节,到目
前为止已连续举办了六届。一到这个节日,横店镇上
的老百姓就家家张灯结彩,欢天喜地。可这时又是我
们镇上文化员最辛苦之时,光组织各村表演队伍就多
则五千,少则四百,来不得半点马虎和疏忽。特别是踩
街游行,要确保万无一失。从设计方案,确定踩街路
线,组织人员维护交通秩序,到封锁路口,无不揪心、烦
恼,不然会出大事的。记得第一届中国横店农民旅游

节,组织 2600 人的方阵上街踩街游行,首次搞镇里没经验,谁都害怕担任踩街总指挥,为此推来推去。几经周折,最终还是轮到了我这个文化员的身上,真是"天降大任于斯人也"。于是我也就只好当仁不让,戴上红袖章,拿起传声大喇叭,吆喝着几百名交警、干警、市容管理队员和镇干部,成了名副其实的总指挥,而且硬是有条不紊地撑了下来。说实在的,当时我身上是出了一身冷汗的呀!肩上担的是千斤重担。望着街道两旁黑乎乎的五万多观众兴高采烈的样子,我内心受到了极大的安慰。

挖掘整理民间艺术,是一项艰苦和细致的工作,难度大,但影响也大,很受老百姓欢迎,土生土长,老百姓对它很有感情。经过几年的努力,我们站里共挖掘整理出 11 个项目。为此,我留下了刻骨铭心的记忆,那就是我的右大臂弯曲伸不直了。那是 2002 年深秋的一个夜晚,我到村里将挖掘整理的民间艺术节目《叠罗汉》彩排出来,由于太晚,回家爬楼梯时不慎跌倒了,造成右胳膊粉碎性骨折。为了不耽搁当时会演,我硬是不请一天假,挂着打着石膏的胳膊照样上班,外出排练。事后该村书记、村主任上门谢我,我说:"别谢了,谁叫我选择当一名文化员呢!"为此他们会心地笑了。有一段时期,农村封建迷信、赌博等恶习开始抬头,造成家庭不和睦,影响农村和谐,如何消除这种现象,我思索着。征得领导同意后,我选择一个村搞起了"文体示范村"活动，把该村篮球队、排球队、健身球队、舞蹈队、文艺演唱队等队伍都组织起来，又动员村里安装了室外、室内健身器材，还建起了图书室，村里成立文体领导小组，村主任任组长，党、团、民、妇一起上阵，红红火火地开展文体活动，该村打架赌博不见了，听到锣鼓响、哨子吹，都跑到戏场、舞池和体育场去了。该村一件事，我印象特别深刻，有一对夫妻，勤俭致富，盖了房子，手头略有结余，俩人十分恩爱。可后来闲下来，男方不知不觉迷上了赌博，一天到晚打麻将，把家里搞得乌烟瘴气。输了钱拿老婆出气，又是打又是骂，家里亲戚朋友都劝不动他，老婆一气之下，拿了存折住进了宾馆。婆婆知道后气得要死，又是打儿子，又是找媳妇。自从该村建起文体场所，组织大家活动后，他们夫妻俩又和好如初，一有空就双双活跃在文体场所里。那婆婆看到我就说："胡同志呀，你真积德啊，我要给你烧高香。"我说："别别，您老那是折我的寿呀。"数年后该村成了远近闻名的文明村，被地市评为"文体示范村"。

文化员工作有喜有忧，有苦有乐。老百姓高兴我高兴，老百姓快乐我快乐。我所在的镇经过大家共同努力，已先后被浙江省文化厅、省体育局命名为"东海明珠乡镇""省体育强镇"。看到镇里千队万人参与文化体育活动，我内心高兴快乐；面对镇里代表队和个人参加全国、省、市文体比赛捧回奖杯和奖状，我倍感欣慰；对于选择当一名乡镇文化员，我无悔、我热爱、我自豪。

2006 年 10 月

注：本文获中国群众文化学会、中国文化报社姚北新区"我与群众文化"全国文学作品征文比赛三等奖。

构建和谐社会中的文化责任

构建和谐社会是一个历史性的文化命题,中国传统文化中的和谐思想,内容是十分丰富的。追求崇高和谐是中国文化的基本精神之一,也是中国古代重要的社会政治理念。千百年来,中国人都在追求和谐的大同世界,在历史上起到了推动社会发展的进步作用。今天承接和弘扬中国传统思想文化中底蕴深厚、内涵丰富的和谐思想,充分发掘其中所蕴含的社会价值,是文化建设在和谐社会构建中应尽的责任。

构建和谐社会,首先要构建其核心价值体系,即坚持马列主义、毛泽东思想为我们的指导思想,坚持中国特色的社会主义理论,坚持贯彻"三个代表",坚持优秀中华民族精神和时代创新精神,同时要深刻认识社会主义荣辱观。显而易见,建设和谐社会,文化的责任重大,简单归纳有如下几点:

一是让广大人民群众振作起来,中国革命的上百年奋斗历史就能充分证明这一点,无论是战争年代还是和平建设时期都不例外,她好像是战斗的号角和鼓声,催人奋进、热血沸腾。她是旗帜和火炬,指引人们奋勇向前。她帮助广大人民群众找回奋发图强、迎难而上的血性和胆魄。她造就了中国人民波澜壮阔、气吞山河的二十八年战争史,也书写了中国人民排除万难,建设新中国五十七年豪迈史诗。

二是让广大人民群众健康起来。今天人民群众最怕有"病",把娱乐和健康相结合的活动,则能实现毛泽东同志在1917年提出的"文明其精神,野蛮其体魄"的设想。曾记否,遥想当年,中国人被西方殖民主义者称为"东亚病夫"。那病弱的身躯怎能抗拒洋枪洋炮和坚船利炮呢? 因而在今天开展丰富多彩的文体活动,既能陶冶广大人民群众性情,又能锻炼强劲的体魄,为中华民族的崛起储备必备的条件。

三是让广大人民群众充实起来。文化已成为人民群众精神上的加油站,能提高广大人民群众的科学文化素质,在这方面,横店镇上湖社区、上东小区两委会开展的文体示范活动就充分证明了这一点。该小区共有674户1813人,2003年前,打群架出了名,一次派出所就在该小区抓获打架斗殴不法分子24人,小的只有十三四岁,还有赌博、封建迷信等恶习,有的夫妻为赌博之事反目离婚。村干部感到不好当、头痛。2003年两委会按照文化主管部门的要求,开展了文体示范活动,专门组织和建立文体网络组织,购置了各种文体设施,党员干部带头。结果三年后,面貌大变样。干部群众听到锣鼓响,脚底痒,跑步下舞池进戏场,听到哨子广播响,成群结队到球场,现在该小区已经成为金华市级文明单位、文体示范单位。

四是让广大人民群众幸福起来。生活富裕并不一定幸福,生活不富裕却自有快乐,这就是文化的作用。如上东小区有对夫妇,前几年依靠党的好政策,勤劳致富建了房屋,买了车辆,家里有儿有女,可谓幸福美满。不幸的是,丈夫一段时期染上了麻将小搞搞,随之搞大的输了钱,把储蓄在银行里的钱也取出来,老婆知道后急忙劝阻,可是输红了眼的丈夫,还把麻将摊搬进了家,把一个安乐的家搞得乌烟瘴气,生活毫无规律。老婆一气之下,拿了存折住进了宾馆,这可哭坏了家里一个70多岁的老娘,拄着拐杖到处寻找。几经周折,这一家已折腾得不像家了。小孩无人管,学习成绩下降,男人输光了钱,房子也抵给人家,70多岁的老娘也西天而去,痛定思痛后,丈夫发誓不再赌博,哭着求妻子回家。在小区里参加各种文体活动后,男人成了球场里的骨干,一改往昔,夫妇俩也和好如初,球场舞池都能见到他们俩的身影。这就是文化的作用,它能让广大人民群众多一份春意和安宁,让广大人民群众生活多些祥和和笑声。

当今世界,文化与经济、政治相互融合的趋势使文化的内涵和功能发生了重大的变化。政治建设、经济建设、社会建设都离不开文化建设,它们相互依存,相互作用，相互促进。因此我们在建设和谐社会过程中，必须高度重视和谐文化建设。党的十六届六中全会告诉我们："构建和谐社会主义，既需要文化的引导和支撑，更包含着文化建设的内容。"社会越发展，文化的地位和作用就越突出、越明显，文化工作者的责任就越重大，因此必须坚持科学创新，建设社会主义和谐文化。

2006 年 12 月于杭州文化厅论文答辩

东阳横店千万巨资助推农民健身

近日,农业部、国家体育总局、中国农民体育协会联合下发《关于表彰第八批全国"亿万农民健身活动"先进乡镇的决定》,金华市横店镇名列其中,这是金华市唯一获此殊荣的乡镇。

横店镇群众体育活动丰富多彩,乒乓球、气排球等十六个体育项目比赛常年开展。该镇投入上千万元巨资建起了 10 个农民文化休闲广场,每个社区、村都安装了健身器材。据统计,全镇共有 72 套健身器材、82 个篮球场、472 支健身球队,村、区和镇先后荣获首届"浙江省体育强镇""全国群众体育先进单位""全国老年人体育工作先进单位""山西大同全国健身球比赛编排奖、优秀奖"等荣誉,为和谐横店打下了坚实的基础。

(本文发表于浙江省《体坛报》2007 年 1 月 5 日第 2 版)

手心手背都是肉

——浙江省东阳市横店镇外来农民工情况调查

　　横店镇地处浙江省中部丘陵地带,离东阳市城区18公里,面积110平方公里。本地人口73251人,外来人口42166人,2006年人均收入10320元。目前,正在规划复建华夏第一园——圆明园,是全国最大的影视拍摄基地,被国内外称为"东方好莱坞"。又因年产量占全国2/3的磁性产品,被誉为"中国磁都"。

　　改革开放后,横店镇从昔日偏僻的穷山村一跃成为闻名于世的小城镇,先后荣获"国家改革综合实验区""全国社会主义新农村建设标兵示范镇""国家卫生镇""全国亿万农民健身活动先进镇"等二十个国家级荣誉称号。据统计,2006年横店镇接纳境内外游客395万人,成为全国最具活力的旅游首选之地之一。

　　在这个天下宾朋云集之地,4万多外来农民工的生活状况,特别是文化生活状况如何呢? 为此,笔者作了调查:

一

大多数来横店的外来农民工是为了打工挣钱,有的离妻别子,有的远离父母,还有的携妻带子。他们白天忙于生计,晚上无所事事,据调查,以往他们一般到了晚上就没事做了,除了去逛逛夜市,就是待在宿舍里看电视,打扑克,喝酒解闷,生活很是空虚。

针对上述情况,该镇政府、文化站和企业集团,采取如下措施:

第一,镇政府积极创造条件,想方设法改善文化基础设施。镇文化站利用承办和组织申报第八批全国"亿万农民健身活动"先进镇评选之际,动员全镇村(居)社区共投入 1200 万资金,建起了 13 个农民文化休闲广场,安装了 82 条健身器材,建造了 87 个篮球场,组织起了各个门类齐全的文体队伍,光健身球队就达 720 支,参与这项活动的达上万人。同时,全镇还成立了 13 个文体协会,外来农民工也都参与了其中的协会,特别是演艺人协会,外来农民工占了很大的比重,使他们也有了活动组织、活动的场地,更有了活动的内容。同时,横店集团和东磁集团也分别举办了每年一次的体育运动会,特别是东磁集团已连续举办了11 届。

第二,为了丰富外来农民工的文化生活,改变白天忙生活,晚上数星星、打扑克的现象,该镇的横店集团共投资 1000 万元,成立电影放映公司。该公司共有 16 毫米放映机 9 台,35 毫米 2 台,放映人员 15 名。据资料统计显示,近五年来,该放映公司在全镇范围内共设立了 20 个固定电影放映场地,同时还采取巡回方式到各村、社区免费放映。几年来,共放映电影 16189 场,观众人数 863 万人次,送戏 1376 场,观众 115 万人次。

第三,节假日,为了让外来农民工愉快、欢乐,镇文化站会同集团有关单位举办文艺联欢会,让外来农民工上台演唱,抒发感情。同时相关企业还组织了游景点活动。特别是近年来,横店企业领导还推行了外来农民工生日送礼物和祝福活动,有的还集体过假日,融情理之中,使之温暖、欢乐。

第四,镇、村、社区图书馆常年开放,鼓励有经济能力的私人多投入文化事业,如创办了新世纪图书室,使外来农民工能就近就便阅览、借读,求知的愿望得到满足。

截止到目前,横店镇共计有网吧 16 家,电脑 1247 台,集体、私人书店 9 家,村、社区图书室藏书 124765 册,舞厅 5 座,另有露天舞池 48 座,镇舞蹈协会常年开办培训班,培养舞蹈人才,体育馆 3 座,影剧院 1 座,文化产业从业人员 3000 多人。

横店镇影视产业的飞速发展,为外来农民工参与文化影视活动创造了有利条件,过过戏瘾和演员瘾,已成为现实。2006 年,横店共接待 400 个剧组来横店取景,完成了近 1 万部(集)影视作品。许多外来农民工在横店圆了演员梦,心理上得到了满足。

综上所述,外来农民工与本地居民在文化资源上能否共享,这是一个关键问题。说到底就是大家能否在同一片蓝天下做到共享文化生活,满足文化生活需求。而横店就在这个问题上有所突破,他们把本地居民与外来农民工当作一只手的两面,即手心和手背一样看待。调查中发现,横店镇干部群众有这样的共识:一是把外来农民工看作为横店共同创造财富的生力军;二是在资金上全方位投入文化基础设施,满足外来农民工文体生活需求;三是在活动方式和内容上想方设法,千方百计让外来农民工参与。

二

横店镇的飞速发展,离不开外来农民工,因为横店镇本身就是农民创造的小城镇——最早是一个偏僻、落后的穷山村,如今已发展为 10 万余人,建城区面积 18 平方公里的小城镇。① 据查,改革开放前的 1975 年,横店镇的农民人均收入只有 75 元,是广大农民依靠党的富民政策走上了致富之路。所以他们深感:外来农

---

① 自从 20 世纪 90 年代以来横店镇历经 6 次扩镇,从当时人口不到 3 万到现在超过 10 万,面积不足 30 平方公里扩张到今天 110 平方公里,建成了一个初具规模的小城市。

民工也和他们自己一样渴望善待自己,发家致富。在横店镇,无论你走到哪里,不管是大街小巷,还是居民区或是别墅区,都能听到全国各地不同的口音和方言,也可以看到各种不同的服装和装饰。在这里,镇、社区、村干部和各企业领导都有这样一个共识:"外来农民工来横店,是来横店共同创造财富的,善待外来农民工就是善待自己。"为此他们采取了如下做法:

(一)从制度上保障外来农民工的合法利益。镇政府成立外来农民工法律维权中心。据统计,三年来共为外来农民工维权 298 人次,追缴拖欠款 240 万元。每年年底,由镇政府牵头,相关部门配合,突击一周清理拖欠款及债权债务。

(二)建立爱心互助会。为了让爱心活动制度化,长期以来,让那些遭遇不幸的外来农民工感受到横店的温暖,从而促进整个横店社会和谐,今年一月成立了东磁爱心互助会,目前基金已超过百万元。

(三)一视同仁。把外来农民工统一称呼为"外来员工"。把善待员工纳入政府工作议程,镇政府专门成立办公室,由有关部门联合下达给相关企业,作为考核的一项内容,并且规定外来员工与本地员工享受同等待遇。

(四)近几年来,横店镇各企业为了激励外来农民工工作热情和创新精神,特别是爱岗敬业,每年都要给年底获得优秀员工和发明创造的革新能手颁

发重奖。同时远在千里之外的家长,也会获得一份
"优秀家长"的证书和现金奖励,使其父母荣耀,儿
女安心。

(五)社区、村和企业为外来农民工提供安居政策。
近几年来横店镇、村、社区、企业,千方百计想方设法为
外来员工提供居住条件。有经济条件的给予集资房,
没条件的可以租住外来员工公寓。据统计数字显示,
先后兴建的东磁、康裕、禹阳、得邦、兴盛社团等 10 个
小区,总建筑面积达 120 万平方米,极大地改善了外来
农民工居住条件。

(六)妥善地安置了外来农民工子女的就学,镇里
取消借读费。横店集团创办了从幼儿园到大学的各类
学校,建立了完整的民办教学体系,顺利地解决了外来
农民工子女上学难的问题,消除了后顾之忧。推行人
性化的管理,树立以人为本的理念,提供完整的文化设
施,开展丰富多彩的文体活动。让外来农民工与本地
居民在同一片蓝天下享受同等的精神和物质生活,促
进了横店社会的和谐,同时也促进了横店镇各项社会
事业的飞速发展。

横店镇的外来农民工来自全国各地,已经形成了
天南地北是一家的格局,构建和谐横店需要关注这些
人的权利。可喜的是,横店镇的领导和企业各界人士
已经关注,并且把更多的爱献给他们,他们的衣、食、
住、行,特别是文化生活已经得到了足够的重视,外来

农民工在为横店镇付出的同时,也收获到自己应该得到的权利和心灵的幸福。

说明:①农民工分为本地农民工和外来农民工。

②本文所指外来农民工是指东阳市范围以外的农民工。

2007 年 5 月

注:本文获全国农民工文化建设征文优秀奖。该活动由文化部、深圳文化局、中国群文学会、中国文化报共同举办。

农村音像市场现状与管理对策

随着几十年的改革开放,党的富民政策的落实,我国广大城乡已经发生了深刻的变化。特别是随着新农村建设的掀起,广大农村日新月异,现今的农民已经不再是传统上面朝黄土背朝天、日出而作、日落而息的农民,而是与现代生活方式息息相关、紧密相连。广大农村随处可见坐着轿车、住着别墅、握着手机的农民,文化生活更是丰富多彩,家里拥有液晶彩电、高档音响的也比比皆是。所有这些为广大农村的音像市场提供了广阔的舞台,也给农村乡镇音像制品管理带来了难题。

难题之一:区域广宽,地形复杂。现今的乡镇,少则几十平方公里,多则上百平方公里,整个区域有山有水,高低起伏不平。人口也是如此,少则几万,多则上十万之众,凭乡镇一个或两三个文化员管理是杯水车薪,很难管理过来。

难题之二:休闲时间多、节庆多。现在乡镇集市贸易、庙会、交流会和节庆日益增多。如逢市二、五、八、三、六、九,还有农民旅游节、西瓜节等。此起彼伏,文化站干部穷于应付。

难题之三:夜市、早市的兴起给管理带来了难题。因为眼下正常工作时间是白天,开夜市、早市时大部分工作人员已回家休息了,造成了管理时间上的空当。

难题之四:流动摊贩人员增多,管理难度增大。据统计,贩卖音像制品的人员绝大多数是推着摩托车,一只纸箱、一块塑料布往地上一放,或租个摊位一摆,配个扩音小喇叭叫喊"十元三张""十元五张""买一送一"等就开张。这些人基本上是无证经营,打游击。他们有利就图,见好就收,有的还沿村叫卖,过街吆喝。对于这些人,乡镇文化站管理人员是没有办法的,因为上面发给乡镇文化站管理者的是文化执法监督检查证,明眼人一看就知无权处罚,只能劝导、驱散他们。用老百姓的话说:"是赶鸟的,不是打鸟的。"

难题之五:流动摊贩人员相对来说是弱势群体。据笔者所在镇的统计,整个横店镇有上百人从事这个行业,其中有外地打工者、放假回乡学生、失地农民、下岗工人。现在的家庭都拥有录像机、影碟机,需求量大,老百姓图省钱、方便,不管正版盗版,从而也给正当经营者带来了损失,挫伤了合法经营者积极性,有些也转而从非法渠道获得音像制品,造成恶性循环。

难题之六:有权处罚市文化市场的执法者又远在几十公里之外的城里,成了看得到的管不到,管得到的又看不到。对于这种现象,用老百姓的话说是:"见鸟的不拿枪,拿枪的不见鸟。瞎忙。"

　　显而易见,音像管理的难点在农村,而出现的问题也不难看出,主要是:制定政策上未到位,管理方法上有缺位。

　　如何解决上述问题呢? 笔者认为:一是要政策到位。从政策上明确规定:乡镇一级设立管理机构,明确职责,赋予职能,使乡镇文化站有权有责。也可以依照所属职能,将乡镇所属的城建、工商、公安等各个部门,成立统一领导,专职于农村文化市场的日常管理和监督。同时,还要列入乡镇的考核,促使当地乡镇领导重视。二是管理要到位,音像制品应从源头上抓紧,加大打击力度,卡紧发行渠道,盯牢销售渠道。对于流动摊贩,一要催促做证,二要经营登记,三要各乡镇间互通信息,通力协作。对那些多次多地违法、非法经营者,该取缔的要坚决取缔,决不姑息迁就。否则会"一粒老鼠屎坏了一锅粥"。

　　这样农村音像市场才会健康有序、正本清源、繁荣和发展。

2007 年 12 月 14 日

横店概况

东阳市横店镇位于浙江中部,地处丘陵地带。总面积 110 平方公里,本地人口 8.2 万,外来常住人口 4 万。辖 17 个行政村,10 个社区,91 个小区。是全国最大的影视拍摄基地,被国内外誉为"东方好莱坞"。又因年产量占全国 2/3 的磁性产品,被称为"中国磁都"。

横店,历史悠久,人文荟萃。远在新石器时代就有人类在此繁衍生息,唐会昌年间(公元 841—846 年)便已设乘骢乡。素有"百工之乡""教育之乡""建筑之乡"的美称,是闻名遐迩的江南一镇。

在这里曾经留下大禹治水的遗迹和传说,那高耸的八面山(又名禹山),她经历和目击了一切;在那亘古洪荒时期,是大禹的巨手开凿了南江下游的金鸡垅,疏通了整个南江水系,消除了水患,让人民沿江而居,使这一方百姓安居乐业。横店的人民感激大禹治水功德,在八面山上建有禹王阁,塑有禹王像,常年供奉香火,并将山脚南面的地方叫禹阳,又将山的东面叫禹东。独特的地理环境和人文景观,让后人浮想联翩,追忆那大禹治水的英雄壮举……

水是生命之源,也是万物之源。水与横店人民结下了不解之缘。据考证,横店共有 91 个小区,其中 34 个小区与水有密切的渊源。请看,以塘命名的有:雅塘、毛里塘、里家塘、芙蓉塘、荷塘、东米塘、洪塘头、塘下、杨树塘下、双月塘、洒塘、米塘、莲塘、下莲塘、五官塘、塘溪、澄塘。以湖命名的有:上湖田、任湖田、湖头陆、中湖头、南上湖、湖口、下湖严、三湖口。带"氵"的有:良渡、厦源、后溪头、淮泗、绕溪、荆浦、夏溪滩、沈坎头。从以上三个方面,不难看出,昔日的横店水系丰富,塘、湖、溪、泊星罗棋布,随处可见水,同时也验证了大禹治水的传说是确切可信的。说到治水,我们不得不提到横店历史上的一位名臣:厉文才。他是东阳第一个进士,唐贞观元年(公元 627 年)官至都督。他告老还乡后,主持修造了都督堰,灌溉良田二千余亩,代代惠泽这方百姓,历时 1300 多年而名存千古。宋欧阳修《集古录》和《浙江水利志》《东阳水利志》均有记载。从现存的唯一的石砌涵洞看,长 7.65 米,高 2.53 米,宽 2.40 米,历经 1300 多年而不倒,足见其工艺技术之娴熟,值得现代人研究、探索。

一方水土养一方人,在这方土地上,滋养了横店人耕读传家的良好家风,造就了勤奋苦读的学风。从唐太宗贞观元年起,先后涌现了大批进士和贤人名士。就以厉姓为例:据《吴宁厉氏宗谱》记载,自夏厉墅始祖厉文才起,厉氏便显于唐,盛于宋,科第绵延,厉氏出仕为官的有 147 人之多,光进士及第就有 32 名。其中有都督、宰相、太师、刑部尚书、户部尚书、御史大夫、刺史、大学士等,还有诗人、画家、著名学者。在这个家族里,有唐太宗、唐武宗、宋光宗、宋宁宗、宋理宗五位皇帝赐的御诗,有皇帝赐诏文、诰十余篇。所以在《东阳市志》中有这样的评说:"古先人评曰:'吾东世家,在唐则厉、冯、舒、滕,在宋则厉、何、乔、马、葛,居五府之首。元誉辞藻为唐儒绅,二冯兢爽高蹈韩门,而人随代淹,莫可踵溯,惟厉氏修伦叙于百世之余。……科名之盛无有如厉氏者……而厉氏之居姚、越、台、处、杭、埙,或以问学教授乡里,或以科第从仕州县,皆曰东阳徙也,于是厉氏为东阳望族……"为"教育之乡"创造了条件,培养了各种人才,同时也造就和产生了许多能工巧匠。

在横店这块宝地上,具有深厚积淀的文化底蕴,各种民间文化活动丰富多彩,随着改革开放的春风吹拂,被湮灭多年的各种民间文化活动,又被春天的煦风重新吹醒。上湖田的太奇马、绕溪的花灯、荆浦的大宫灯、杨店的台阁、衡山的大旗,还有集横店人民智慧结晶的"九龙闹海",纷纷登台亮相。由国家旅游局审批同意的"横店·中国农民旅游节",已经连续举办了七届,每届观众人数达十数万之多,成为一道亮丽的风景线,让游客和观众流连忘返。

在历史上,横店的商贸就较为发达,据考证,明朝

万历年间,就形成了集市。从崇祯十二年(公元 1639
年)东阳知县钱源为之撰写《衡店义市记》碑文中不难
看出,当时这里已经是商贾云集、物资丰富、交易频繁。
厉文才 34 世孙厉思恩为使交易公平,捐金易地,开设
义市,自行交纳粮税,绝不分派于民,又请告示"严禁贪
饕,都人义之"。厉氏义举兴利除害,尤惠商农,闻名遐
迩,饮誉四方。这对今天诚信惠农是很有借鉴作用的。

　　在长期的耕读生活中,这里形成了极具地域特色
的一整套完整的生活方式和习惯,为大家所遵循,养成
了良好的人生礼仪,为众人所接受。时令、年节及庆
典,又有独特的讲究和规章,从出生到死亡形成了较为
完善的规矩,使人们生活有序,规范有礼,显现了中华
民族的优良传统。

　　在这里,文物、名胜、古迹较多。其中,省级保护基
地 2 个,市级文物保护点 11 处,还有 141 处待定,省级
风景名胜 1 处。最为著名的是灌顶寺,历经 1000 多
年,几度荣衰重修,它始建于后晋开运二年(公元 945
年),时任桂州都督厉休舍画溪之庄宅田建此寺,初名
甘泉寺,宋元祐年间(公元 1008 年)改名灌顶寺,沿袭
至今;曾一度为江南名刹,僧人众多,香火久远,寺产饶
裕。另一名寺为大智寺,年代久远,它以拥有室内高度
江南第一的大佛而著称,又因与济公有缘留下美丽动
听的故事而闻名。同时还有正在恢复修建的宝积寺,
殿堂楼阁,雕梁画栋,气势非凡,别具一格的屏岩洞府

等较为知名。

"为有牺牲多壮志,敢教日月换新天。"在这里,诞生过北伐名将、共产党的早期军事将领——金佛庄。水碓山下建有金佛庄烈士陵园和展览馆,中央军委原副主席聂荣臻元帅为他撰写对联和馆名。

数千年的封建社会,抑制了社会生产力的发展,再加上国民党政府腐败,使处于社会最底层的农民生活贫困,民不聊生。20 世纪 30 年代,在中国共产党的领导和影响下,这里掀起了轰轰烈烈的农民土地革命斗争。横店镇的五官塘村,成了当时的中共东阳中心县委所在地,斗争席卷了整个金华地区,甚至对整个浙江都产生了重大影响。以黄文玉为首的中国共产党人,不畏牺牲、前仆后继、英勇奋斗的可歌可泣事迹,将永远激励后人为正义事业而奋斗献身。他们将永远铭记在广大人民心中。

俱往矣,数风流人物,还看今朝。

如今的横店,经过 30 年改革开放,已经获得"全国2000 年城乡小康住宅示范区""国家星火技术密集区""全国小城镇综合改革试验区""国家卫生镇""全国小城镇示范镇""国家影视产业实验区""国家可持续发展实验区""全国亿万农民健身活动先进镇"等 20 多个国家级示范实验区称号和荣誉。

横店镇的崛起,引起党和国家的关注和重视。2004 年 7 月 2 日,时任中共浙江省委书记的习近平陪同中共中央政治局委员、中央宣传部部长刘云山,莅临横店视察工作,对横店影视产业和横店取得的成绩给予了充分的肯定。在今年的十一届全国人大第一次会议上,中共中央政治局常委李长春又对横店的文化产业作了充分的肯定。横店已经是享誉中外的名镇,据统计,2007 年横店光影视产业已经有 218 家文化企业入驻,累计接待影视剧组 500 多个,拍摄影视剧 15000 多部(集)。入区企业实现营业收入 12 亿元,创税收 7000 万元,共接待游客 500 万人次,旅游收入达到 25.9 亿元。

横店镇已跻身全国百强镇行列。目前社会各项事业欣欣向荣,人民富足安康,文化教育尤为发达,各项基础设施齐全,从小学到大学一应俱全。一个繁荣、和谐、文明的小都市已经初步形成,横店的明天将会更加辉煌。

2008 年 4 月 25 日

(本文摘自《横店风情》一书送审稿)

我爱我的书屋

——记浙江省东阳市横店镇新世纪书屋经理陆朝阳

浙江省东阳市横店镇有家名气较响的书店，叫新世纪书屋。主人叫陆朝阳，现年 40 岁，戴眼镜，人和蔼，颇有人缘。每天来这里租书、借书、买书的人络绎不绝，连光顾书店浏览的老外都连声说："OK！OK！"

书 为 伴

说起陆朝阳，还得从他高考落榜讲起。从小喜欢读书，爱看连环画的他，高考时数理化分数偏低，名落孙山。为此，祖辈是农民，老实巴交的父亲百思不得其解，这么爱看书的儿子为什么考不上大学？

徘徊了许久的陆朝阳久久不能回过神来，偏偏又对书爱不释手。不识几个字的父亲发誓不让他看书，进厂做工。可他偏不，任凭父亲说一千道一万，就是手不离书，特别是那本《钢铁是怎样炼成的》，百看不厌。看看儿子日渐消瘦的面容，做父亲的还是迁就了他。

儿子不傻,随他去吧。

俗话说:"三百六十行,行行出状元。"这不,二十年下来,还真让陆朝阳闯出了一条阳关大道,从当初一块破木板,50元资金,只身一个人来到小镇在旧电影院前摆书摊起步,到现在拥有别墅、汽车和200平方米5万多册书籍的书屋,成了有200万元资产的书界小老板。

书 为 媒

陆朝阳开书店是集租、买、借为一体,售图书、报纸、杂志、图片,全方位经营。他善于观察、学习,几经变迁,终于在全镇最繁华的地段租了店铺,别看租费高达8万多元,可营业额却成倍地增加,顾客蜂拥而至。

书店的发展,隔壁化妆品店的女主人,现在的妻子杜世仙看得一清二楚。她有个嗜好,爱看报刊,每天都过来看书。久而久之,双方很了解对方习性。看到陆朝阳忙得不可开交,就干脆过来帮忙。

共同的爱好和志趣,两人终于走到了一起。两家店铺也并成了一家——新世纪书屋。

书 为 业

二十年经营书店,说起个中滋味,陆朝阳说:"酸甜苦辣,五味俱全啊!别看我现在生活富裕,但365天守店是很难的。"妻子杜世仙也说:"开店容易,守店难啊!没有我们对书的眷恋就不会开书店,我们也许走不到一块儿。"

探究陆朝阳的成才之路,是那本《钢铁是怎样炼成的》影响了他的一生。他说:"每当遇到困难时,我就会想起保尔·柯察金,他是我心中的偶像。"对于当初的选择,他激情地说:"我终生无悔,一辈子热爱我的书店。"

如今是妻守店,他外出进书、送书,12 岁的儿子上小学,老父也常来帮忙,一家其乐融融。说起儿子,老父高兴地说:"别看我儿子没上大学,你瞧,他开书店,照样有出息。"

是的,一本书影响了一个人的一生,一家书店撑起了一片艳阳天。如果没有陆朝阳对书的痴迷,哪会成就他今天这番事业,没有孜孜不倦的学习,哪有他今天所拥有的一切。

2008 年 5 月

注:此文经中央人民广播电台连播两天后,推荐至征文比赛活动组委会评选。

当时征文比赛规定:字数为千字左右,对象内容为农民读书,另有时间、内容范围等若干项规定。

该文于 2008 年 5 月被中央宣传部、文化部、共青团中央青农部、全国妇联宣传部、中国文化报社、农民日报社、中央人民广播电台、中国新闻出版总署、文化部扶贫办九个部门评为"新农村建设全国农民读书征文活动"二等奖。

让农民成为农村文化活动的主角

——浙江省东阳市横店镇上东村
创建"文化示范村"情况调查

内容提要: "文化示范村"是新农村文化建设的一个重要载体,是构建农村公共文化服务体系的新生事物,也是重要构件之一。它依靠的是村级领导骨干的文化自觉,它符合新农村建设的内在要求,它在于村干部和村民的社会责任。只有通过"文化示范村"建设,让农民成为农村文化活动的主角,才能把文化种在农村,把新农村建设得更完美。

主题词: 农民 文化活动 主角

在新农村建设过程中,加强农村文化建设的重要性越来越凸现。就表面上而言,"文化示范村"是农村文化建设的"排头兵",是构建农村公共文化服务体系,繁荣农村文化事业的要件之一。创建"文化示范村",让农民成为农村文化活动的主角,这就需要各级文化部门和文化工作者的积极指导和支持,使农村文化活动成为新农村建设的动力之一。为此,笔者对浙江省金华市最早创建"文化示范村"的横店镇上东村做了调查。

一

横店镇上东村共有 715 户,1766 人,全村共有共产党员 73 名,2007 年人均收入 10080 元,耕地 1083 亩。2003 年 10 月,该镇文化站在市文化主管部门的指导下,对该村进行了调研,并确定对该村开展"文化示范村"(当时称"文化小康示范村")创建活动,其标准为"八个一",即:一个强有力的文化工作领导班子;一支素质较好的文化宣传和编导队伍;一块属于开展文化、体育、科普活动的场所;一套完善的文化工作管理制度;一笔文体活动经费;一批村风民风较好的标兵人物;一年四季开展文体活动不间断;一支参加上级举办的文体活动能获奖的队伍。调查中发现:2003 年之前,该村是赌博、打架出了名,附近各村打架,都要"请"该村的人去充当打手,据派出所反映该村是"打架村",在一次处理过程中,因打架该村一下子被拘留了 12 个人。上述"八个一"的"文化示范村"创建活动无疑给该村下了一剂猛药,影响很大。

在创建"文化示范村"过程中,首先,村党支部、村委会专门组织到外地学习考察,专门研究,成立了由村书记、主任挂帅的文化工作领导小组,下设气排球队、篮球队、健身球队、舞龙队、文化宣传队、太极拳分会、老年大学、龙舟队、铜管乐队，由村党支部委员和村委成员兼任各个队的队长，同时成立了文化服务中心，订立了文化体育活动规章、健身须知等一整套规章制度。几年来，村里文体活动经费每年都有保障，据查，其数字分别为：2004 年 8.8 万，2005 年 9.1 万元，2006 年 9.8 万元，2007 年 4 万元。至今投入文化设施基础建设已达上百万元，主要用于旧村大会堂的影剧院改建，四个篮球场共计 2000 平方米的水泥地铺设、灯光球场的安装、村万册图书室的建设，以及室内外健身器具、舞厅舞池的添置，实现了看戏、看电影有剧院，跳舞有舞厅（室内外都有），打球有球场（白天、黑夜都可以打），健身有器材，唱戏有舞台，看书有图书阅览室。齐全的文化设施，使上东村成了邻近各村的"文化中心"，文体活动人数最多的一个夜，该村三个球场、室内外舞厅聚集了 3000 多人，热闹非凡。

随着形势的发展，该村原有的"八个一"创建活动又增加为"十一个一"，即增加了一个万册图书阅览室，一个电脑室，一个休闲活动场所——曹宅公园。

对于该村的"文化示范村"创建活动和干部群众文体活动的参与，2007 年 3 月 14 日《中国文化报》刊登的《浙江省百村农民文化生活调查》一文是这样描述的："横店镇上东村的'健身秧歌'既健身又娱乐，群众很喜欢，从开始的十几人发展到如今的十余支队伍几百人。"该村的做法，引起了周边村和上级的极大关注。

二

"哨子响，跑步进球场"，"锣鼓响，脚底发痒，跑步到戏场"。这两句话是上东村村民们的顺口溜。开展文体活动是村民提高生活质量、增强人体素质的重要手段，也是全体村民的共识。

2006 年 6 月份，该村党支部、村委会组织举办了一次庆祝建党 85 周年暨歌唱新农村文艺晚会。在短短的时间内，该村就完成了编、导、演的任务，在家的 61 名党员，一个不落全上阵，统一着装，齐声高歌《没有共产党就没有新中国》，村党支部、村委成员中有 10 名干部也各自拿出了自己的好戏，双簧《婆媳和》、说唱《夸媳妇》、快板《歌唱新农村》、小品《拆房子》、表演唱《逛新城》等 16 个节目上演，上台者最大年纪 81 岁，最小 7岁。包括主持在内共 246 位参演人员全部是上东村的村民，整台晚会高潮迭起，自己的人演自己的事，身边的人演身边的事。台上演员演得认真、精彩，台下观众看得开心，不时爆发出会心的欢笑声和阵阵热烈的掌声，不知内情的人还以为是哪里请来的专业剧团，而上东的村民都知道台上的演员个个都是自己的邻居。

让农民成为农村文化活动的主角，在上东村已经做到了。据该村原党支部书记严家乡说："这里一年到头有活动，节庆日子是最热闹的，春节有些来村拜年的

66

客人都不肯走,因为村里有 8 支男篮、8 支女篮进行冠军比赛,有拔河、健身球、乒乓球、书法比赛,还有自编自导自演的文艺演出,扭秧歌、舞龙等活动。"他说,过节日,他是最忙的,一下要上台演出,一下要参加篮球比赛,还要当其他项目比赛的裁判,真是忙得不亦乐乎。

该村在参加上级的各项文体比赛中也屡获佳绩,如 2004 年 8 月在山西大同全国健身球比赛中荣获最高奖(编排奖、优胜奖),极大地鼓舞了他们开展文体活动的信心。

上东村健身房的器材不比城里四星、五星级宾馆内的差,阅览室内的图书有上万册之多,而且质量上乘,村里室内舞厅装潢、音响设备与城里的舞厅相比也是毫不逊色。自从开展创建"文化示范村"后,村民搓麻将等赌博行为也渐渐消失了,治安状况一年比一年好。唱歌、跳舞、读书、健身、体育比赛,使该村村民享受到了健康的文化生活,从而促进了干群关系,也化解了邻里矛盾、婆媳矛盾,加强和促进了夫妻间的友爱。没开展"文化示范村"创建活动之前,该村有一对夫妻,在党的开放政策感召下,发家致富,建了房、买了车,还有余款,日子过得幸福美满,可那男的却迷了麻将搞赌博,将存款输得所剩无几。一天晚上回家太迟了,他的妻子把他关在门外,他一气之下,就花几百元钱去住宾馆,那以后几天夫妻俩不搭话。自从村里开展文体活动以来,夫妻俩几乎天天晚上参加文体活动。不是去跳舞,就是在球场上打气排球,和睦如初,那男人逢人就说:"打了气排球,原来鼓鼓的肚腩不见了,跳跳舞,麻将也忘记了。"

近几年来,该村已获得了"浙江省卫生村""浙江省小康示范村""省级科普示范村""金华市级文化示范村""市文明单位"等荣誉称号。

三

上东村创建"文化示范村"活动,引起了邻近各村的关注和兴趣,纷纷模仿该村,同时上级文化主管部门的重视和支持也都纷至沓来。这也引起笔者在调查中的深思:

(一)"文化示范村"的创建依靠村级骨干的文化自觉。先进文化是民族凝聚力和创造力的集中体现,是新农村的重要标志。村级领导班子的文化自觉,对农村先进文化传播起着举足轻重的作用,"文化自觉"赛黄金,上东村党支部、村委会一班人高度重视农村文化建设,他们身先垂范是创建"文化示范村",构建农村公共文化服务体系的关键。

(二)"文化示范村"的创建符合新农村建设的内在要求。农村文化建设是新农村建设的重要内容之一,"文化示范村"是乡风文明建设的一个载体,通过这一载体开展丰富多彩的文体活动,以"尊重民意,让民做主"为原则,因地制宜、量力而行,推进农村文化事业发展,合民意,顺民心,把"文化种在农村",让农民成为农村文化活动的主角,上东村自编自导自演文艺节目,身边人演身边事,余味无穷,让村民们体会到安居乐业、和睦相处的新农村生活环境,合乎新农村建设的内在要求。

(三)"文化示范村"的创建在于全体村民的社会责任。通过"文化示范村"创建活动,涌现出一大批具有社会责任心的好干部、好村民。在调查中发现,上东村领导班子对农村文化建设重要性认识得深透,愿意花巨资投入农村文化基础设施建设,愿意每年拨款开展文化活动,在他们这一届领导集体中承担起社会责任,不至于做群众的尾巴,让村民唾骂;村民也自觉地站出来参加村里的文化活动。在调查中发现有一位青年是村里做摩托车修理行当的,他放弃生意参加排练,上演小品,而且相当有水平,博得村民的好评。该村还有一大批热衷于文体事业的退休干部、教师、医生、工人和本村土生土长的文化爱好者,正是他们具有相当的社会责任感,在"文化示范村"创建活动中,各自做出一份贡献,为新农村建设添砖加瓦。

上东村创建"文化示范村"的实践证明,让农民成为农村文化活动的主角,让成百上千的村民踊跃参加文化活动,有力地促进了新农村经济发展,促进了农村社会的稳定,促进了乡风文明,是构建农村公共文化服务体系,为民办实事的具体行动。

2008 年 6 月 15 日

注:本文合作者马正大时任东阳市文化馆党支部书记、副研究馆员,他为创建小康文化示范村做了大量的前期准备工作,策划和出台了一系列方案。

充分发挥乡镇文化站作用
保护和传承非物质文化遗产

——浙江省东阳市横店镇文化站开展非物质文化遗产传承和保护工作调查

中华文化历经数千年而绵延不绝，形成了丰富的文化遗产，这些文化遗产承载了中华文化的精神，是中华民族的伟大历史的重要见证。因为非物质文化遗产大部分在乡土之上、村乡之中，其工作重点在乡村。以东阳市横店镇为例：该镇 2008 年共整理上报非物质文化遗产项目 9 个大项、17 个小项，共计条目 165 项，其中金华市级 1 项，东阳市级 2 项，文化特色村 2 个。

对于非物质文化遗产传承和保护，东阳市横店镇文化站采取以下做法：

一、抓住源头，坚持以村为主体

对于非物质文化遗产保护和传承，东阳市横店镇文化站以村为主体，每个村都有专人负责。镇文化站组织培训、辅导，共计辅导培训 3 期，118 名村级骨干，开座谈会 7 次,参加人员 74 人,发放资料 246 份。同时,根据村里的经济条件,开辟了湖口村"农耕文化陈列室",该陈列室占地 200 多平方米的大会堂中共搜集了 300 多件在现代生产生活中已经或行将消失的农耕用品。通过建设农耕文化陈列室,既收集到了农村传统农具中具有代表性的物件,又解决了村民家中老物件无处存放的矛盾,从而保护了非物质文化遗产,能对后代起到教育作用。这种做法引起了中共金华市委宣传部的重视,有关领导在视察时指示要把陈列室打造成上档次、上规模的非物质文化遗产文化展示点。现在横店镇许多村在镇文化站的指导下都纷纷行动,如夏溪滩是东阳市索粉加工特色村,目前该村已建起了"夏溪滩索粉陈列馆",南上湖村正在筹建"兰亭公园",厉宅村已规划出"大都督厉文才展览馆"。横店集团更是花巨资建成了各种各样的展览馆、博物馆 15 个,规模齐全、种类物件丰富,形成了将非物质文化遗产保护和传承与影视旅游结合起来的局面。

二、把握关键,以学校和单位为非物质文化遗产保护和传承培训基地

2008 年,镇文化站利用举办 2008 年中国横店第七届农民旅游节的时机,将大型民间传统节目"九龙闹海"放到横店技校进行彩排,取得了非物质文化遗产保护和传承工作的可喜成果,解决了继承发展的问题。

一下子培养了 400 多名演员,使这个学校的教师、学生,人人都会演这个节目,这批人出去后将会形成一个更大的辐射范围,从而使这个节目流传下去。为了巩固这个基地,镇文化站将价值十万多元的服装道具交给这个基地保管,还聘请了社会上的人才做他们的辅导老师,使之展示有服装,活动有道具,辅导有老师。同时文化站还在横店电影放映演出公司确定了"金华道情"传承培训基地,该基地现已培养出了 56 名男女道情演员,利用该公司在全国巡演之机,大力传唱金华道情,扩大了影响。

三、摸清家底,镇文化站在非物质文化遗产保护和传承中发挥桥头堡垒的作用

镇文化站在非物质文化遗产普查中,积极组织各村开展摸底排查,积极搜集信息,做到纵向到底、横向到边,不脱不漏。掌握材料后又分门别类,反复求证,编印存册。在充分掌握资料后,在上级主管部门的支持下,报送金华市文化局、社科院立项。省新闻出版审核发行《横店风情》一书,将全镇非物质文化遗产资料全部纳入,全书共 44 万字,以翔实、准确、完整的内容呈送到全体镇干部、村书记、主任和村老年协会会长手中,使该项工作有依有据,每个人心知肚明,在全镇范围营造了一个保护非物质文化遗产的浓厚氛围,同时也奠定了一个良好的传承保护工作的基础,便于今后更好地开展非物质文化遗产保护和传承。

该镇文化站在摸清家底的基础上,先后挖掘整理出了《横山大旗》《厉宅霸王鞭》《杨店台阁》《后明走马》《湖口三十六行》等十多个民间文艺节目,在"中国·横店第七届农民旅游节"上闪亮登场,受到社会各界好评。

由于传承和保护非物质文化遗产的扎实工作,横店镇文化站在 2009 年 3 月被浙江省文化厅授予"浙江省非物质文化遗产普查先进集体"荣誉称号。

四、注重创新形式,镇文化站充分调动社会各方参与非物质文化遗产保护和传承的积极性

非物质文化遗产保护和传承是一项系统工程,不仅需要政府发挥主导作用,还需要社会各方面广泛参与,更离不开广大乡村人民群众的积极投入,踊跃参加。

东阳市横店镇文化站通过丰富多彩的文化建设和文化活动,努力调动了广大乡村人民群众参与文化遗产保护和传承的积极性,精心制定非物质文化遗产保护规划,不断加大投入,特别是加强农村文化基础设施建设,丰富广大农民群众文化生活,提高了广大人民群众的文化品位。同时,该文化站还认真做好民间文化艺术、工艺保护和"民间文化特色村""文化示范村"的申报评选工作,广泛开展深受群众欢迎喜爱的文化艺术活动,吸引广大农村人民群众踊跃参与文化遗产保护与继承,鼓励他们在继承优秀传统文化的基础上进行文化创新,不断丰富活动内容,动员全社会力量形成了"众人拾柴火焰高"的局面。大力发展各种文化产业,积极支持横店集团,以文化产业的蓬勃发展来推动非物质文化遗产的保护和传承。

2009 年 9 月 10 日

（本文发表于中国群众文化学会主办的《中国群众文化论丛》(第四辑),第 122—124 页)

发挥乡镇文化站的桥头堡垒作用

近几年来,对非物质文化遗产的传承和保护已日臻重视,充分发挥乡镇文化站作用,乃是做好非物质文化遗产传承和保护的关键。

以东阳市横店镇为例:该镇 2008 年共整理上报非物质文化遗产项目 9 个大项、17 个小项,共计条目 165 项,其中金华市级 1 项,东阳市级 2 项,文化特色村 2 个。2009 年 3 月被评为浙江省非物质文化遗产普查先进集体的横店镇文化站,为此做了大量卓有成效的工作。

对于非物质文化遗产传承和保护,东阳市横店镇文化站的基本经验是:

一、抓住源头,坚持以村为主体

非物质文化遗产大部分散落在村乡之中,其工作重点在乡村。因此,对于非物质文化遗产保护和传承,东阳市横店镇文化站坚持以村为主体，每个村都有专人负责。两年来，镇文化站组织培训、辅导，共计辅导培训 3 期，118 名村级骨干，开座谈会 7 次，参加人员 74 人，发放资料 246 份。同时，根据村里的经济条件，开辟了湖口村"农耕文化陈列室"，该陈列室占地 200 多平方米的大会堂中共搜集了 300 多件在现代生产生活中已经或行将消失的农耕用品，通过建设农耕文化陈列室，既收集到了农村传统社会中具有代表性的物件，又解决了村民家中老物件无处存放的矛盾，从而保护了非物质文化遗产，能对后代起到教育作用。这种做法引起了中共金华市委宣传部的重视，有关领导在视察时指示要把陈列室打造成上档次、上规模的非物质文化遗产文化展示点。现在横店镇许多村在镇文化站的指导下都纷纷行动，如夏溪滩是东阳市索粉加工特色村，目前该村已建起了"夏溪滩索粉陈列馆"，南上湖村在筹建"兰亭公园"，厉宅村已规划出"大都督厉文才展览馆"。横店集团更是花巨资，建成了各种各样的展览馆、博物馆 15 个，规模齐全、种类物件丰富，形成了将非物质文化遗产保护和传承与影视旅游结合起来的局面。

二、把握关键，以学校和单位作为非物质文化遗产保护和传承培训基地

后继有人是非物质文化遗产保护的关键。2008

年,该镇文化站利用举办 2008 年"中国·横店第七届农民旅游节"的时机,将大型民间传统节目"九龙闹海"放到横店技校进行彩排,取得了非物质文化遗产保护和传承工作的可喜成果,解决了继承发展的问题。一下子培养了 400 多名演员,使这个学校的教师、学生,人人都会演这个节目,这批人出去后将会形成一个更大的辐射范围,从而使这个节目流传下去。为了巩固这个基地,镇文化站将价值十万多元的服装道具交给这个基地保管,还聘请了社会上的人才做他们的辅导老师,使之展示有服装,活动有道具,辅导有老师。同时,文化站还在横店电影放映演出公司确定了"金华道情"传承培训基地,该基地现已培养出了 56 名男女道情演员,利用该公司在全国巡演之机,大力传唱金华道情,扩大了影响。

三、摸清家底,镇文化站在非物质文化遗产保护和传承中发挥桥头堡垒的作用

镇文化站在非物质文化遗产普查中,积极组织各村开展摸底排查,积极搜集信息,做到纵向到底、横向到边,不脱不漏。掌握材料后又分门别类,反复求证,编印存册。在充分掌握资料后,在上级主管部门的支持下,报送金华市文化局、社科院立项。省新闻出版审核发行《横店风情》一书,将全镇非物质文化遗产资料全部纳入,全书共 44 万字,以翔实、准确、完整的内容呈送到全体镇干部、村书记、主任和村老年协会会长手中，使该项工作有依有据，让每个人心知肚明，在全镇范围营造了一个保护非物质文化遗产的浓厚氛围，同时也奠定了一个良好的传承保护工作的基础，便于今后更好地开展非物质文化遗产保护和传承。

该镇文化站在摸清家底的基础上，先后挖掘整理出了《横山大旗》《厉宅霸王鞭》《杨店台阁》《后明走马》《湖口三十六行》等十多个民间文艺节目，在"中国·横店第七届农民旅游节"上闪亮登场，受到社会各界好评。

四、注重创新，充分调动社会各方积极性

非物质文化遗产保护和传承是一项系统工程，不仅需要政府发挥主导作用，还需要社会各方面广泛参与，更离不开广大乡村人民群众的积极投入，踊跃参加。

东阳市横店镇文化站通过丰富多彩的文化建设和文化活动，努力调动了广大乡村人民群众参与文化遗产保护和传承的积极性，精心制订非物质文化遗产保护规划，不断加大投入，特别是加强农村文化基础设施建设，丰富广大农民群众文化生活，提高了广大人民群众的文化品位。同时，该文化站还认真做好民间文化艺术、工艺保护和民间"文化特色村""文化示范户""文化示范村""文化达标村"的申报评选工作，广泛开展深

受群众欢迎喜爱的文化艺术活动,吸引广大农村人民群众踊跃参与文化遗产保护与继承,鼓励他们在继承优秀传统文化的基础上进行文化创新,不断丰富活动内容,动员全社会力量形成了"众人拾柴火焰高"的局面。

2009 年 12 月

(本文发表于《中国群众文化论丛》(第四辑),获文化大视野"全国群众文化"金奖)

乡镇文化员要又红又专

乡镇文化站工作人员习惯被称为文化员，是根据基层群众文化工作需要，党和政府为乡镇群众文化事业机构配备的工作人员。文化员的工作任务可以简单地归纳为：知识的传播者、精神的传承者、艺术的普及者、群众文化活动的组织者和辅导者。为此笔者认为乡镇文化员应该做到：

一、乡镇文化员姓"文"

随着乡镇机构改革的深入，原来条条管理变为块块管理，乡镇所有的事业机构人员都由乡镇统一调配使用和管理。这就产生了文化员不姓"文"的怪现象。以东阳市乡镇街道文化站工作人员统计为例，现有18个乡、镇、街道文化站人员53名，除其中2名拟任乡镇领导职务外，其中50名文化员兼任团委书记、妇联主席、纪委委员、民政助理、政法干事、财政会计、工会副主任和联村等等工作，除一人专职外，兼职率达98.3%，乡镇文化员戏称"种了人家的地，荒了自家的田",群众戏称为"不务正业"。据了解,其他县市也有这种情况,倘若发展下去,势必对村文化工作产生不利影响。

二、乡镇文化员要爱"文"

要加强道德和爱岗敬业教育,克服部分乡镇文化员姓"文"不爱"文"的态度,要消除那种看了这山望那山,纵横对比,一心想奔公务员的现象,消除乡镇文化员的清贫难耐意识,树立"甘坐冷板凳,换来百家欢"的奉献精神。学习雷锋,做一个革命的螺丝钉,提倡"人是要有点精神的",做到干一行,爱一行。乡镇文化员既然走进了文化的门,吃上了文化的饭,就应该站好文化的岗,干好文化的活,如果一心想跳槽改行,对文化工作不管不问,千方百计去寻门路、找出路,不仅会损害农村基层文化工作者的良好形象,也将严重损害农民群众的文化权益。为此,上级主管业务部门要树立典型,教育和引导乡镇文化员珍惜和安心本职工作,明白"三百六十行,行行出状元"的道理,树立为文化工作奋斗终生的信念。

三、乡镇文化员要会"文"

乡镇文化员必须具备相应的专业技能和专业素质,这是乡镇文化员的基本功和立身之本。否则很难完成好文化工作任务,特别是现在乡镇文化站,少则1

站1人,多则1站3～5人,没有一技之长,很难开展农村文化工作,更别说一呼百应。据调查:东阳市乡镇文化站工作人员,年龄在50周岁以上有37人,占到总人数67％左右,高中文化程度28人,占54.6％,初中(包括初中)以下文化程度14人,占33％。尽管文化站工作人员时进时出,可大部分都是20世纪70年代末、80年代初进来,特别是跳出去的都是精英,剩下的存在着年龄老化、文化程度偏低,急需知识更新的问题。为此,笔者建议,上级主管业务部要大力开展岗位培训和在职教育,狠抓技能训练,并在同行开展业务竞赛,促使在岗人员钻研业务和技能提高,力争乡镇文化员一专多能。

综上所述,乡镇文化员首先应姓"文",这是乡镇文化员开展农村文化工作的必备条件,不容置疑。如果在职而不在岗,在岗而不在位,在位而不在业,那就南辕北辙了。其次,乡镇文化员要爱"文",这是关键,这也是内在动力,如果"身在曹营心在汉",那是干不好文化工作的。试想如果不爱自己的本职工作,怎么会去思考,去钻研本职业务,又怎么能谈创新发展呢?另外要号召所有乡镇文化员钻研业务,刻苦学习,力争一专多能,决不能做滥竽充数的南郭先生。还有上级主管部门要关心爱护乡镇文化员,给他们培训、学习,创造条件,同时要养成干文化工作光荣的氛围。总而言之,乡镇文化员应姓"文",爱"文",更要会"文",以适应随

着经济建设高潮的到来,迎接农村文化建设高潮的
来临。

（本文发表于《群众文化》2010 年 8 月）

山乡涌动文化产业潮

——"东方好莱坞,横店影视城"发展情况调查

据数据统计,2010 年第一季度来"东方好莱坞,横店影视城"的中外游客达 123 万人次,同比增长 37%。仅 3 月份就迎客 55 万人次,同比增长 25%,迎来虎年开门红。特别是今年"5·1"小长假,来观光旅游的人数又达 33.48 万人次,与去年同期相比增长 22%。又据 2009 年数据,2009 年,全年来横店拍摄剧组 106 个,全年共吸引中外游客 690 万人次。迄今共接待影视剧组 700 多个,拍摄影视剧 18000 多部(集)。

横店地处浙江省中部丘陵地带,全镇 117 平方公里,辖 10 个社区,17 个行政村,人口 80445 人,外来常住人口 4 万。横店影视城因与旅游完美结合,备受瞩目,目前已成功进入长三角十大品牌旅游景区和国家 AAAAA 级旅游景区。

美国电影导演,麦柯蒂尔南在横店考察时,曾惊叹:"这里就像当年的'好莱坞'。"

创造源于想象力

时光倒转 14 年,当时谁也不会相信,名不见经传的横店会因为一部电影而走上万人瞩目的星光大道。横店影视城肇始于一条"广州街"。回望历史,有一个人是无论如何也避不开的,那就是著名导演谢晋。1995 年底,谢晋为拍摄香港回归的献礼大片《鸦片战争》而来到横店选外景。横店集团创始人徐文荣当面承诺:"我们出钱来建外景基地,人家用 1 年我们用半年,人家用半年,我们用 3 个月,保证按你要求建好,绝不耽误一天的拍片时间。"

1996 年初,"广州街"正式开工,当年 7 月,投资 4000 万元,建筑总面积 6 万多平方米的 19 世纪南粤广州街全部建成。这个速度让谢晋喜出望外,《鸦片战争》随即在横店开拍。

在香港回归祖国的 1997 年 7 月 1 日,《鸦片战争》在全球公映,引起巨大反响,横店因此进入众多剧组的视野。此后横店又陆续投资 30 多亿元,建成了"香港街""秦王宫""清明上河图""红军长征博览城""华夏文化园""梦幻谷""江南水乡""明清宫苑"等 13 个影视拍摄基地和一大批大型摄影棚,变身为一座规模宏大的影视城。正是这一次历史机遇,造就了今天横店发展天赐良机。2000 年 5 月,美国南加州大学教授顾尤勤,不远万里来到中国,不顾路途颠簸,立马赶赴当时还名不见经传的山乡横店。游览了横店,他立马被眼前的景象惊叹了,连声"OK！OK！"称赞横店为"东方好莱坞",回国后,撰写文章称赞横店为"东方好莱坞,横店影视城"。

影视催生产业链

庞大的文化产业迅速推动着第三产业,带动了群众致富。横店全镇 4.6 万劳动力从事第三产业的占 48％,横店演员公会注册的会员达 3500 多人,多年来为中外剧组提供群众影员 360 万人次,特约演员 6 万余人次。影视业繁荣催生出具有地域特色的"横漂一族",现在有 3000 多人常年驻在横店,为自己的演员梦和事业而打拼。

影视业提升了横店的知名度,改善了投资环境,更使得影视产业和工业相辅相成,互为发展。以 2008 年为例,横店工业产值达 101.9 亿元,利税合计 5.2 亿元。更为重要的是,在横店产业发展壮大过程中,横店通过整合影视、旅游和服务资源,完善影视产业配套服务体系,为剧组提供从场景塔建、道具制作、演员中介到餐饮住宿的一条龙服务:围绕影视做好文章,依据八面山等自然生态资源建起花木、摩托与赛道等,形成覆盖旅游观光、生态休闲、住宿餐饮、体育赛事等产业集群,成功地带动了横店周边地区商贸、餐饮、住宿、演艺、娱乐等第三产业的全面发展,促进了中介租赁、会展、广告和群众演员等的跨越式发展。据统计,横店全镇拥有星级以上宾馆 9 家,各类餐馆、旅馆 400 多家,床位 1 万余个,拥有个体工商户 2100 多家。2009 年,横店第三产业收入达 35 亿元。

横店第三产业日趋兴旺,这为文化程度相对较低,缺乏一定劳动技能的劳动力创造了许多新的就业机会,如今在横店演员公会注册的群众演员达 3500 多人,形成发展群众演员专业村 10 多个,累计为剧组提供 360 多万人次的群众演员。全镇 4.6 万劳动力中,从事第三产业的已达 22000 多名,占劳动力就业总数 48%。超过劳动力年龄段仍继续就业的人数达 3700 人,横店劳动力就业率超过 100%。农民人均收入从 1996 年的 4800 多元上升到 2009 年的 14254 元。

横店影视文化产业的蓬勃发展,引起了党和国家领导的高度重视。2009 年 6 月 7 日,时任中共中央政治局常委的李长春率领相关部委和浙江省委、省政府负责人亲临横店考察,充分肯定横店文化产业发展推动了社会主义文化大繁荣、大发展。

现在横店不仅是影视旅游,而且跨省经营院线,大踏步地向电影的终端市场挺进。目前横店院线旗下的影院分布江苏、河南、湖南、湖北、山西等地,并开始从北京、南京、深圳、武汉、郑州等大城市向经济较为发达的二、三线城市扩张,在这些影院中,长沙潇湘王府井影城、南京新街口影城的票房收入分别位居湖南省、江苏省影院之首,排名进入全国前十位。

山村嬗变成名镇

2003 年 11 月 3 日,经国家广电总局批准,横店成为全国首个国家影视产业实验区,进而得到更多的政策扶持。实验区内,影视服务中心、演员公会、电影审查中心、电视剧审查工作站等一应俱全,为入驻企业提供各种服务。据统计,入驻企业总数达 327 家,实现营业收入 20.23 亿元,上缴税费 1.47 亿元,入驻企业华谊兄弟在创业板上已成功上市。目前,华谊兄弟、光线传媒、保利博纳、唐人电影等 300 家企业涵盖了从投资、剧本创作到拍摄、后期制作、发行、后期产品开发以及服装道具等所有环节,形成了一条完整的影视产业链。

《英雄》《功夫之王》《木乃伊Ⅲ》《满城尽带黄金甲》《潜伏》《汉武帝》《天下粮仓》⋯⋯10 多年来,600 多部影视剧从横店走向全国乃至全世界,这里成为中国影视剧的生产中心。

强劲的影视文化产业发展态势,对自然环境和社会环境不断提出挑战,直接加速了横店的城市化进程,大力推进横店由乡村向城市嬗变,促进社会、经济、生态和谐共赢。目前横店建城区面积已达 25 平方公里,户籍人口 80445 人,外来常住人口 4 万,城市化水平达

50％。可有谁曾想到过,70多年前的横店,人口只有千余人,是一个藏在山沟沟里,名不见经传的山村,就连地图上都难觅她的踪影,当时在横店流行的一首歌谣,鲜活地反映了这种场景:"抬头望见八面山,薄粥三餐度饥荒,有女不嫁横店郎……"据1975年年度统计,横店人均年收入只有75元,而如今已达117平方公里的横店已成为名震中华、驰骋海外的高科技走廊和文化重镇。昔日的穷乡僻壤已变成世界最大的磁性材料生产和出口基地,形成了全球规模最大的影视拍摄基地。这几十年来,横店镇先后荣获"国家可持续发展实验区""国家星火密集区""国家卫生镇""全国小城镇示范镇""全国亿万农民健身活动先进镇"等20多个称号,成为闻名遐迩的江南一镇。

横店人民群众的精神生活日趋丰富,日益增长的文化需求不断被满足,城市规划的完善,建成区面积的扩大,基础设施的完备,城市功能的健全,人居环境的优化,又为影视产业发展创造了良好的外部条件。根据新的规划,不久的将来,一个面向国际的集影视创作、拍摄制作、发行、交易于一体的现代化影视产业基地,一个全国乃至全球规模最宏大、要素最集聚、成本最低廉、技术最先进的影视新城将呼之欲出。

（本文发表于《文化大视野》2010年9月第12卷）

一个山区小镇靠什么撬动文化产业

——横店影视城给我们的启示

一个交通不便、资源匮乏的山区小镇竟然奇迹般地成了"影视城"。这个被称为"东方的好莱坞"的横店,已建成广州街、香港街、明清宫苑、秦王宫、清明上河图、江南水乡、明清民居博览城等 13 个跨越千年历史时空,汇聚南北地域特色的影视拍摄基地,组成了全国规模最大的实景拍摄基地。

2009 年,横店影视城共接待中外剧组 106 个,首次突破 100 大关。迄今共接待影视剧组 700 多个,拍摄影视剧 18000 多部(集),成为中国影视剧的生产中心。影视产业也带动了旅游业的发展壮大。2010 年第一季度来"东方好莱坞,横店影视城"的中外游客达 123 万人次,同比增长 37%。仅 3 月份就迎客 55 万人次,同比增长 25%。

"无中生有"也使过去一无所有的横店兴旺发达。目前横店人口突破 10 万,城区面积扩展到 35 平方公里。与影视业配套的道具服装制作公司应运而生,大部分村民都成为职业"群众演员"。横店镇年收入 6.5 万元至 30 万元的家庭占 80％以上。

创造源于想象力

时光倒转 14 年,当时谁也不会相信,名不见经传的横店会因为一部电影而走上万人瞩目的星光大道。横店影视城肇始于一条"广州街"。回望历史,有一个人是无论如何也避不开的,那就是著名导演谢晋。1995 年底,谢晋为拍摄香港回归的献礼大片《鸦片战争》而来到横店选外景。横店集团创始人徐文荣当面承诺:"我们出钱来建外景基地,人家用 1 年我们用半年,人家用半年,我们用 3 个月,保证按你要求建好,绝不耽误一天的拍片时间。"

1996 年初,"广州街"正式开工,当年 7 月,投资 4000 万元,建筑总面积 6 万多平方米的 19 世纪南粤广州街全部建成。这个速度让谢晋喜出望外,《鸦片战争》随即在横店开拍。

在香港回归祖国的 1997 年 7 月 1 日,《鸦片战争》在全球公映,引起巨大反响,横店因此进入众多剧组的视野。此后横店又陆续投资 30 多亿元,建成了"香港街""秦王宫""清明上河图""红军长征博览城""华夏文化园""梦幻谷""江南水乡""明清宫苑"等 13 个影视拍摄基地和一大批大型摄影棚,变身为一座规模宏大的影视城。

正是这一次历史机遇，造就了今天横店发展天赐良机。2000年5月，美国南加州大学教授顾尤勤，不远万里来到中国，不顾路途颠簸，立马赶赴当时还名不见经传的山乡横店。游览了横店，他立马被眼前的景象折服了，连声"OK！OK！"，称赞横店为"东方好莱坞"，回国后，撰写文章称赞横店为"东方好莱坞，横店影视城"。

影视催生产业链

庞大的文化产业迅速推动着第三产业，带动了群众致富。横店全镇4.6万劳动力从事第三产业的占48％，横店演员公会注册的会员达3500多人，多年来为中外剧组提供群众影员360万人次，特约演员6万余人次。影视业繁荣催生出具有地域特色的"横漂一族"，现在有3000多人常年驻在横店，为自己的演员梦和事业而打拼。

影视业提升了横店的知名度，改善了投资环境，更使得影视产业和工业相辅相成，互为发展。以2008年为例，横店工业产值达101.9亿元，利税合计5.2亿元。更为重要的是，在横店产业发展壮大过程中，横店通过整合影视、旅游和服务资源，完善影视产业配套服务体系，为剧组提供从场景塔建、道具制作、演员中介到餐饮住宿的一条龙服务：围绕影视做好文章，依据八面山等自然生态资源建起花木山庄、摩托车赛道等，形成覆盖旅游观光、生态休闲、住宿餐饮、体育赛事等产业集群,成功地带动了横店周边地区商贸、餐饮、住宿、演艺、娱乐等第三产业的全面发展,促进了中介租赁、会展、广告和群众演员等的跨越式发展。据统计,横店全镇拥有星级以上宾馆9家,各类餐馆、旅馆400多家,床位1万余个,拥有个体工商户2100多家。2009年,横店第三产业收入达35亿元。

横店第三产业日趋兴旺,这为文化程度相对较低、缺乏一定劳动技能的劳动力创造了许多新的就业机会,如今在横店演员公会注册的群众演员达3500多人,形成发展群众演员专业村10多个,累计为剧组提供360多万人次的群众演员。全镇4.6万劳动力中,从事第三产业的已达22000多名,占劳动力就业总数的48%。超过劳动力年龄段仍继续就业的人数达3700人,横店劳动力就业率超过100%。农民人均收入从1996年的4800多元上升到2009年的14254元。

横店影视文化产业的蓬勃发展,引起了党和国家领导的高度重视。2009年6月7日,中共中央政治局常委李长春亲临横店考察,充分肯定横店文化产业发展推动了社会主义文化大繁荣、大发展。现在横店不仅是影视旅游,而且跨省经营院线,大踏步地向电影的终端市场挺进。目前横店院线旗下的影院分布在江苏、河南、湖南、湖北、山西等地,并开始从北京、南京、深圳、武汉、郑州等大城市向经济较为发达的二、三线城市扩张,在这些影院中,长沙潇湘王府井电影城、南京新街口影城的票房收入分别位居湖南省、江苏省影院之首,排名进入全国前十位。

山村嬗变成名镇

2003 年 11 月 3 日,经国家广电总局批准,横店成为全国首个国家影视产业实验区,进而得到更多政策扶持。实验区内,影视服务中心、演员公会、电影审查中心、电视剧审查工作站等一应俱全,为入驻企业提供各种服务。据统计,进驻企业总数达 327 家,实现营业收入 20.23 亿元,上缴税费 1.47 亿元,入驻企业华谊兄弟在创业板上已成功上市。目前华谊兄弟、光线传媒、保利博纳、唐人电影等 300 家企业涵盖了从投资、剧本创作到拍摄、后期制作、发行、后期产品开发以及服装道具等所有环节,形成了一条完整的影视产业链。

《英雄》《功夫之王》《木乃伊Ⅲ》《满城尽带黄金甲》《潜伏》《汉武帝》《天下粮仓》……10 多年来,600 多部影视剧从横店走向全国乃至全世界,这里成为中国影视剧的生产中心。

强劲的影视文化产业发展态势,对自然环境和生态环境不断提出挑战,直接加速了横店的城市化进程,大力推进横店由乡村向城市嬗变,促进社会、经济、生态和谐共赢。目前横店建成区面积已达 25 平方公里,户籍人口 80445 人,外来常住人口 4 万,城市化水平达

50％,并先后荣获"国家可持续发展实验区""国家星火密集区""国家卫生镇""全国小城镇示范镇""全国亿万农民健身活动先进镇"等 20 多个称号,成为闻名遐迩的江南一镇。

（本文发表于《今日浙江》2010 年 12 月）

幸福了吗？

给人幸福的人最幸福，因而从事乡镇文化干部比常人更幸福。

看！群星广场上棵棵香樟遮天蔽日，满目翠绿，散发出阵阵芳香；那昂首挺拔的雪松犹如俊秀的年轻小伙，在微风的拂动下，迎风招展，频频向过路的人们招手致意；那高大的灯塔注视着广场上的花草、树木，犹如乐队的指挥审视乐谱中的音符和节奏，演奏出一曲曲美好和谐的乐章。

瞧！香樟树下长条凳上俊男靓女相互依偎着，窃窃私语；小巧玲珑的亭阁间、雕梁画栋的长廊中簇拥着三五成群的长者哈哈大笑，谈天说地；那广场中的一伙伙中年男女，手提宝剑或握着花扇，在一丝不苟地演示着每一个动作；那脚踏轮滑鞋、踩着滑板车的孩儿们在人群中穿梭、奔跑着……

每当夜晚降临群星广场，华灯齐放，灯光闪烁，流光溢彩，令人陶醉，男的、女的、老的、少的、抱着婴儿的、推着残疾车的都来了。当我看到群星广场人来如织,再看到他们跳着轻盈的舞步,听到欢快悠扬的音乐,我的心就像喝了蜂蜜似的。

我家隔壁的邻居王大妈年已七十有余,原来信佛,跛着脚,拄着拐杖,口中念着阿弥陀佛。广场建起后,她经常往广场跑,看到她活动的身影,说来让人难以置信,用了多年的拐杖也不用了,脚也不跛了,阿弥陀佛也不念了,逢人就说:"是健身活动恢复了我的双脚。"

还有塑料厂的张老板,也像换了一个人似的,夫妻俩常出现在广场,出入成双成对。人们十分羡慕他们夫妻恩爱。而谁又知道他们还闹过离婚呢?前几年办厂时夫妻辛辛苦苦,一年忙到头,买了车,住进了别墅,家里还有存款几百万。可小张就是有个坏习惯,喜欢麻将上了瘾,将厂里的事一股脑儿推给妻子,把家里存款输了个精光,老婆气得吐血。病好后,头件大事就是闹离婚,幸亏小张八十岁老母苦苦相劝才没离成。看到厂里的情景,老婆痛苦,小张老板发誓悔过自新。真是浪子回头金不换,再加老婆相助,厂里很快就恢复了生机。近几年厂里蒸蒸日上,规模扩大,收入颇高,成了本地闻名的纳税大户。他们俩看到群星广场是个娱乐休闲好地方,就成了常客。如今是听到音乐响,脚底就发痒,急着跳舞跑广场。

忆往昔,七年前,时任文化站长的我,为群众缺少娱乐休闲的地方担忧,为了破解这个难题,是政府同集团公司协商,将镇中心四个厂外迁,腾出空间。这块地五十余亩,是块绝佳风水宝地,起码价值上亿元,而如今还要倒贴几千万元建设和绿化费用。这一举动实在令人叫绝。有道是无形算有形。丢掉1个亿,用掉5千万元,换来的是千家欢万民乐的精神硕果,这孰轻孰重不就一清二楚了吗？

群星广场是一个令人向往之地,她虽然花费了文化干部的心血,却换来了人民群众的满意、高兴、快乐和幸福,这不就是我所追求的吗？人民群众高兴我高兴,人民群众满意我满意,人民群众欢笑我开心,人民群众幸福我欣慰。人之有情,谁能熟视无睹,说真的,从广场设计到施工,从人员组织到节目编排辅导,无不浸透了文化干部的汗水。正是因为我们的工作,组织的活动得到了人民群众满意、高兴、愉悦,才是我们最大的欣慰和高兴。我认为这就是我最大的幸福。

群星广场是一个娱乐休闲活动之地,也是一个幸福开心、放飞心灵之地,更是一个美满、团结、和谐、友爱之地。我将像对待婴儿一样,一如既往地珍惜和呵护她。

　　　　　　2010年12月26日于浙江艺术职业学院

　　注:此文获2011年1月浙江省首届乡镇文化员才艺大赛散文类铜奖。

　　此次比赛为命题作文比赛,时间为2.5小时,即时命题,文体为散文,字数1500字。

乡村文化建设初探

  我国是一个幅员辽阔、人口众多的国家,特别是民族众多,全国共有 56 个民族,东西南北中差异大,全国广大乡村人口数量大,居住分散,经济条件差,城乡之间社会、经济、文化发展又很不平衡。生活处于贫困线以下的都分布在广大乡村,因而也带来了文化建设的极不平衡,如何加强乡村文化建设就成为当前和今后文化建设中的一项重要工作。

** 一、正确认识当前乡村文化建设的现状是我们搞好文化大繁荣、大发展的关键**

  改革开放三十年,我国各方面取得了举世瞩目的成就,许多项事业走在了世界前列,中国人发生了根本性的变化,令世人刮目相看,引起了西方世界的震惊,文化建设也不例外,走出了国门,奔向了世界。但是,我们也应清醒地看到,我国的文化建设虽然取得了长足的进步和发展,就全国而言,各地发展仍很不平衡,特别是广大乡村还有许多不足,需要引起人们的足够重视。

1. 乡村文化建设是重点

我国的国情就决定了这样一个事实:按区域划分,东中西发展很不平衡。沿海地区,即我国的东部沿海省份,改革开放比较早,经济发展快,文化建设步伐相对来说比较快,而中西部地区则相对迟缓,再加地域地形限制,人口居住分散,地广人稀,经济发展相对较慢,特别是贫困线以下人口大多分布在中西部地区。再者山高沟深,交通不便,这里还是少数民族集居之地,生活方式也不一样。同时也应看到,我国的改革开放也只有三十年,建设时间短,一时还跟不上发达国家。另外,我国农村人口多,底子薄,文化资源也比较匮乏,即便是东部沿海发达省份的乡村,也面临着文化基础设施的短缺,文化领军骨干少,特别是广大乡村更加缺少,难以满足广大人民群众日益增强的文化需求。以浙江省东阳市横店镇为例:它是浙江省二十个强镇之一,被浙江省确定为首批小城镇培养对象。2010 年全镇财政收入 7.2 亿元,本镇人口 8.4 万,外来人口 5 万,总计 13.4 万人,但镇文化站的面积也不超过 600 平方米。文化站干部 3 人,其中 1 人已担任镇组织委员兼副镇长,其他 2 人还要驻村,繁重的行政事务压在他们身上,很难抽身搞文化。试想这样一个大镇、重镇,这么多人口,这样的文化设施和文化队伍能满足全镇 13万多人的文化需求吗? 况且,南方发达省份如此,西部地区又能比这里好多少呢？我看不会！绝对不会！笔者认为：乡村文化建设是整个文化建设的重中之重。记得一位先人说过："亿万农民起来之时，就是中国革命胜利之时。"在这里，我们是否可以这样说："乡村文化大发展、大繁荣之时，就是中国实现四个现代化之时。"

现在的乡村，如果俯下身子去看，就会发现：有些地方赌博、迷信之风盛行，嫖娼卖淫恶习又现，严重地败坏了社会的风气。这跟我们过去只重视钱粮油，不管戏书球有关，"抓了 GDP，忘了书和戏"，是一手硬一手软造成的。以致于现在，经济发展这条腿长，精神文明建设这条腿短。这不得不令各级党委、政府深思，基础不牢，地动山摇，这不是一句空话。因而，也只有落实胡总书记的科学发展观，才能使社会朝正确方向发展。

一句话，中国文化大发展、大繁荣首先要想方设法让乡村文化大发展、大繁荣，而乡村文化大繁荣、大发展必须下大力加强乡村文化基础设施建设和文化骨干队伍建设与培养。

2. 乡村文化建设是难点

乡村文化建设是难点，这是一个不争的事实，简单地罗列一下就不难看出：乡村人口众多，居住分散；乡村缺少文化基础设施；乡村缺少文化骨干；乡村缺少资金；东西南北中差异大。从深层次来剖析，存在着这样一些不容忽视的问题和认识。各级领导,特别是基层领导,对乡村文化建设的不一致和偏差:第一,有些领导认为经济建设上去了,文化建设自然而然就会上去。抱这种观点的人认为,没钱哪能搞文化建设,等有了钱再搞也不晚。第二,文化工作说起来重要,做起来次要,忙起来不要。这跟考核干部政绩有关,抓 GDP 马上见成效,抓文化细润无声,默默无闻。第三,有些人认为,现在是社会主义初级阶段,慢慢来。

另外,从乡镇文化站干部素质看,也有令人难以如意的地方。据浙江省××县文化馆一个调查显示:该县面积 1577 平方公里,总人口 32.8 万,辖 3 个街道,8 个建制镇,7 个乡,现有文化站 16 个,文化站干部 26 人,发现如下问题:

一是事业心责任感不强。有 20% 的文化站干部从事文化工作时间不足 10%,有的甚至一年到头不干文化工作;有的新的文化站干部问题更突出——"有奶便是娘",谁对自己有好处就为谁,忘了自己是文化干部,常年不搞文化工作。

二是文化程度普遍偏低。该县 26 个文化干部中,原有文化程度初中 6 人、高中 18 人、中专 1 人、大专 1 人。虽然不少人通过函授或自学混出了大专甚至本科文凭,实际上文化水平提高不多,许多文化站干部连工作总结都写不好,能写总结的不到 50%,能写好的不到 20%,更有甚者,连自己评职称的申请表都不会填写。

三是业务知识普遍缺乏。该县 16 个文化站,1 人 1 站的有 8 个,占 50％,另外 8 个站虽有 2 个以上文化干部,但其中 4 个站除了站长以外其他文化干部基本上不做文化工作,相当于 1 人 1 站。据调查分析,该县现有 26 名文化干部中,专业知识比较全面的 5 人,占 19.2％;一般的 15 人,占 57.7％;无业务专长的 6 人,占 23.1％。

四是年龄结构老化。调查数据显示,该县 26 名文化干部中,30 岁以下的 1 人,占 3.8％;30～39 岁的 8 人,占 30.8％;40～49 的 11 人,占 42.3％;50～59 的 5 人,占 19.2％;60 岁以上 1 人,占 3.8％。年龄结构明显趋于老化,而年龄的老化带来的负面影响是缺乏生气与活力,制约了乡村群众文化工作的开展。

简而言之,乡村文化建设从领导到文化主管单位,再到文化设施硬件建设都需要正确认识对待筹划和采取行之有效的办法,否则将达不到中央提出的文化建设任务要求。

二、继承和弘扬中华优秀文化,是开展乡村文化建设的一个主要内容

继承和弘扬中华优秀文化,是传承中华文明,落实科学发展观,实现经济社会全面、协调、可持续发展的重要举措。中华民族是一个悠久历史的民族,在 5000 多年的发展进程中,积淀厚重、丰富的文化瑰宝,是一个取之不尽、用之不竭的宝库。

我国各族人民在长期的生产生活实践中创造了丰富多彩的民族民间文化,是中华民族智慧与文明的结晶,是体现中华民族精神的重要载体,是连接民族情感的纽带和维系国家统一的基础。中华民族血脉之所以绵延至今从未间断,与民族、民间的文化承载续传息息相关。民族民间文化是中华民族世代相传的文化财富,是我们发展先进文化的民族根基和重要的精神资源,是国家和民族生存与发展的内在动力。党的十七大报告指出:"加强对各民族文化的挖掘和保护,重视非物质文化遗产挖掘和保护。"因此,对民族民间文化保护的重视与否,是衡量一个国家和民族文明程度的重要标志。为此,开展乡村文化建设,必须挖掘整理当地的文化资源,使之能完整地保存下来。在这个方面,有些地方十分重视,促进了当地的社会和经济发展。如浙江省东阳市横店镇,该镇在 2008 年共整理上报非物质文化遗产项目 9 个大项、17 个小项,共计条目 165项、文化特色村 2 个。他们采取以下做法:

1. 抓住源头,以村为主。做到村有专人负责,镇负责培训辅导,共计举办培训班 3 期,辅导培训 118 名村级骨干,开座谈会 7 次,参加人员 74 人,发放资料 246份。相继开辟湖口村"农耕文化陈列室"、夏溪滩"索粉陈列馆"、南上湖村"兰亭公园"、厉宅村"大都督厉文才展览馆"。该镇横店集团更是花巨资建成了各种各样的展览馆、博物馆 15 个，规模齐全、种类物件丰富，形成了将非物质文化遗产传承与保护和影视旅游结合起来的局面。

2. 把握关键，以学校和单位为非物质文化遗产保护和传承的培训基地。该镇利用 2008 年"中国·横店第七届农民旅游节"，将大型民间传统节目"九龙闹海"放到横店技校进行彩排，解决了继承发展的问题，一下子培养了 400 多个演员，使这个学校的教师学生人人都会演这个节目。同时，该镇还在横店电影放映演出公司确定了"金华道情"传承培训基地，该基地现已培养出 56 名男女道情演员，利用他们在全国巡演之际大力传唱金华道情，扩大了影响。

3. 摸清家底，挖掘整理优秀民族民间文化。组织各村摸底排查，搜集信息，做到纵向到底、横向到边，不脱不漏，分门别类，反复求证，编印成册，在上级主管部门的支持下，报送金华市科院立项，送省新闻出版局审核，发行《横店风情》一书，将全镇非物质文化遗产资料全部列入，以翔实、准确、完整的内容呈送给全体镇干部、村书记、主任、老年协会会长，使该项工作有根有据，每个人心知肚明。同时也在全镇营造了一个保护和传承非物质文化遗产的良好氛围。

由于工作扎实，2009 年 3 月该镇被浙江省文化厅授予"浙江省非物质文化遗产普查先进集体"荣誉称号。

实践证明，做好该项工作对促进当地的经济社会发展有着重要意义，它是一项利国利民、惠及后代的实事、大事。

三、学习外来优秀文化是充实和丰富乡村文化建设不可或缺的一个方面

乡村文化建设离不开学习外来优秀文化，这个外来优秀文化包括外地、外民族、外国的优秀文化。有道是"海纳百川，有容乃大"，如果我们故步自封，坐井观天，那就会窒息而亡，乡村文化建设也是如此。改革开放三十年实践充分证明，只有虚心地学习外来的、一切有用的先进经验、先进技术和先进的管理方法，才能促进我国的经济、社会、文化向前发展。

当前社会快速发展，日新月异，各地、各民族、各国都在历史的长河中演变发展，形成了自己民族、自己地域、自己国家的灿烂文化，并且还在不断地向前发展。我们中华民族历来有虚心学习的好习惯，特别是我们近代共产党人勇敢地向国外虚心学习，将马克思主义的普遍真理与中国革命的具体实践相结合，走出了一条中国特色的社会主义发展道路，这为我们文化建设的发展起到了积极的借鉴作用。学习能够拓宽视野，能够使我们的文化工作者变得聪明起来，更能够使我们的文化生活更加丰富多彩。

乡村文化建设应该向先进地方学习，向城市学习，因为城市的居民文化素质相对比较高，也比较文明，他

们接收外来优秀文化快、脑子活,在这方面的例子,可谓举不胜举。我国的高铁技术是在引进德国技术的基础上发展起来的,经过吸收消化创新,一举创造了世界之最的惊人成就;我国的汽车行业的发展更是如此,学习创新而获成功。

另外,还要多交流,走出去,引进来,总之,学习一些好的东西、好的方法、好的经验,不管是东是西,不管是资本主义还是社会主义,只要有用的东西都要学习引进,做拿来主义,充实丰富自己。毛主席曾经说过:"虚心使人进步,骄傲使人落后。"乡村文化建设不能故步自封,夜郎自大,不能经常老三样,"电视、麻将、扑克",要百花齐放,姹紫嫣红。

在文化建设方面,各国的交流、引进也不是什么新鲜事,因为当今世界就像一个整体,在科技技术方面,本身就你中有我,我中有你,不足为怪。当今电脑技术的普及、西洋乐器的应用无不说明这一点,重要的是学习消化融合创新,乡村文化建设也是如此,不能独步于天外,在广大乡村搞文化建设必须学习一切外来的先进的东西,充实和繁荣我们的文化生活,这样才会使乡村朝气蓬勃,欣欣向荣。

四、推陈出新是农村文化建设创新发展的一条必由之路

我们在挖掘整理弘扬优秀文化传统的基础上,能

否推陈出新,这是值得在乡村文化建设中思考的一个大问题。有活力才会有发展,有发展才会有生命力。

毛泽东同志曾经告诫过我们:"人类总得不断地总结经验,有所发明,有所创造,有所前进。"乡村文化建设值得乡村文化工作者去总结反思。浙江省长兴县的"百叶龙"被称为在变中复活腾飞的神龙。请看:祥云朵朵,彩蝶成双,荷叶荷花在碧波中摇曳。突然灯光骤暗、雷声爆响。惊诧间,一阵急促的锣鼓声起,瓣瓣荷叶化作龙鳞,朵朵荷花变成龙身,那朵最大的荷花变成了龙头,彩蝶变成龙尾,一条粉红色的巨龙冲出荷塘,腾空跃起。在短短的十秒钟内,完成从荷花到巨龙的蜕变,这就是长兴百叶龙表演中最精彩的一幕。

说起它,源于长兴一个美丽的民间传说。相传很久以前,长兴的天平村里有一口三四亩大的荷花塘,每年夏天,碧绿的荷叶盖满了水面,粉红色的荷花开满了池塘,蜻蜓、蝴蝶在塘面上飞来飞去,非常美丽。当时村里住了两户人家,一家有个儿子叫百叶,另一家有个女儿叫荷花,两人青梅竹马,非常要好。到了结婚年龄,双方父母请媒人出面,两人得以结为夫妻,男耕女织,相亲相爱。不久后,荷花生下一个儿子,腋下有龙鳞,人们都说是龙种。这可气坏了族长,他抢走荷花,害死百叶,还举刀砍向孩子,不料孩子化作小龙腾空而起。

从此以后,每逢干旱小龙就来耕耘播雨,天平村年年五谷丰登,村民感激小龙,就从池塘中采来荷花,精心制作了一条龙,取其父名,称为百叶龙。

百叶龙的前身是"化龙灯",于一百六十多年前传入长兴,作为民间庙会中的一个重要节目,距今已有两百多年历史,历经三代艺术的不断加工改进,与流行在天平村一带的百叶龙民间传说联系起来,由天平寺老和尚正式改名为百叶龙,先有天平百叶龙之说。

起初百叶龙经常随马灯班一起巡回表演,并有多种节目形式伴随,到了新中国成立前夕,百叶龙的制作方式已基本失传。1950年,百叶龙传人土长根带领天平村的青年农民,花了两个月时间,用纸和竹片扎出了新中国第一龙——百叶龙。在锣鼓的伴奏下,在村子里晒谷场舞动,全村欢呼雀跃。

1956年,经浙江省群艺馆和长兴县文化馆的指导,经过改进,百叶龙走上舞台,成为一个意境优美、形式和谐的舞蹈,曾荣获第二届全国民间音乐舞蹈会演特等奖。1980年,县有关部门请浙江省著名民间艺术家池文海等行家对百叶龙进行了第二次改编。2000年,又进行了第三次改编,于同年夺得了全国第十届"群星奖"舞蹈大赛金奖。就这样,百叶龙经过几代民间艺术家的不断改编创新,成为具有浓郁地方特色的民间艺术精品。

龙是中国的图腾,体现了广大民众对风调雨顺、国泰民安的期盼,百叶龙作为一种独具特色的龙舞,反映了中国传统龙的精神,寄托了百姓对吉祥福瑞的期望,凝聚了民间艺术和智慧。在建设新农村的时代背景下,通过大力创新,百叶龙融入了现代文化和科技的元素,再生出新的文化形象,成为新时代腾飞在农村土地上的神龙。

五、达成共识,把握机遇,大力促进乡村文化建设

改革开放三十年来,我国已经形成了一定的财力和物力,在世界 GDP 排名中已位列第二,成为世界第二大经济体。这为我国的社会主义各项事业建设奠定了物质基础,也为我国乡村的文化建设带来了千载难逢的发展机遇。

乡村文化建设需要全社会有一个良好的发展环境,这就是全国上下要达成共识,各级党委、政府、主要领导重视,各级文化主管部门全力投入,社会各界同心协力,国家在财力上要加大投入,在人力上要选精兵强将,有人专管,真正做到真抓实干,同时更离不开镇乡村干部群众的积极参与和努力。这样锲而不舍,狠抓多年,方可有为。

乡村文化建设也是一个系统工程,需要全方位、社会各界配合支持,否则将一事无成。就该工程整体而言,笔者认为:一是统一规划,因地制宜,分步实施。中国广大乡村人口多,居住分散,地形差异大,东西南北中各不一样,要分别轻重缓急,因地制宜,分步实施。

二是领导重视。俗话说:"工作千难万难,老大开口就不难。"这个老大就是领导,这也充分说明,领导重视是关键,乡村文化建设更需要领导重视,领导挂帅亲自抓。三是文化主管部门要全力抓。在乡村文化建设中,文化主管部门要明确职责,落实责任,做到对所辖地区了如指掌,心中有数,要出主意、想办法、定规划、抓落实。四是乡镇干部要努力抓。首先镇乡村干部群众要提高认识,要以主人翁的精神,把乡村文化建设当做一件大事、要事来抓,更要有紧迫感和责任感意识,机遇可遇不可求,如果放任,将会稍纵即逝,错过这文化建设大好时机。

我国是一个多民族的国家,农民多,底子薄,长达几千年的封建社会文化是根深蒂固的,教育乡村广大农民将是一个长期繁重的任务,如何提高广大农民的文化水平和思想认识,值得广大社会工作者深思。乡村安则社会安,乡村富则社会富,乡村文化发达则中国兴旺可待。因而促进乡村文化建设时不我待,我们应以只争朝夕的精神努力促进乡村文化建设。

(本文发表于《文化大视野》2011 年第 13 卷)

我爱群星广场

　　朋友,您到过"东方好莱坞"——横店影视城吗,那气势恢宏的建筑令人赞叹,展现的华夏五千年文明史令人折服。她因影视和旅游的完美结合,闻名遐迩,游人如织,流连忘返。而细心的游客和长驻横店的人却对另一个地方情有独钟,喜爱有加,那就是——群星广场。

　　看!那广场上棵棵香樟遮天蔽日,满目翠绿,散发出阵阵芳香;那挺拔的雪松犹如俊秀的年轻小伙,在微风的吹拂下,迎风招展,频频向过路的人们招手致意;那高大的灯塔,注视着广场上的花草、树木,它犹如乐队的指挥,审视着乐谱中的音符和节奏,演奏出一曲曲美好和谐的乐章。瞧!那香樟树下,长条凳上,俊男靓女相互依偎着窃窃私语;那小巧玲珑的亭间、雕梁画栋的长廊中,簇拥着三五成群的长者,说天说地,拈须大笑;那广场中一伙伙手提宝剑和握着花扇的中年男女,一丝不苟地演示着每个动作;那穿梭在人群中的小孩,踏着轮滑鞋、踩着滑板车娴熟地来回奔跑……

每当夜晚降临群星广场,华灯齐放,灯光闪烁,流光溢彩,令人陶醉。男的、女的、老的、少的,抱着婴儿,推着残疾车,从四面八方都来了。大家说:"横店来的歌星、影星多,我们这里群众多,像天上的星星数不清,就叫群星广场吧。"

我隔壁的王大妈,年已七十有二,原本信佛,拄着拐杖,跛着脚,口念阿弥陀佛。由于近几年常往广场跑,经常看到她活动的身影,也不念阿弥陀佛了。说来让人难以置信,脚也不跛了,连用了多年的拐杖也不用了。她逢人就说:"参加健身活动,练好了我以前的双脚。"

还有塑料三厂的小张老板,这几年也换了一个人似的,夫妻俩天天晚上到广场跳舞,人们十分羡慕他们恩爱。可谁知道他们当初还闹离婚呢?前几年办厂时,夫妻俩一年到头辛辛苦苦,赚了钱,买了车,住进了别墅,家里还有上百万存款。可小张老板有个坏习惯,喜欢麻将上了瘾,时间一久,无心厂里,一股脑儿推给了妻子,将家底输了精光,妻子气得吐血。病愈后,头件大事要离婚,幸亏八十老母苦苦相劝才没离成。小张老板看到厂里惨景,面对老婆的痛苦,发誓悔过自新。由于小张老板浪子回头,厂里很快就有了转机,再加妻子相助,这几年塑料厂蒸蒸日上,成了一个远近闻名的纳税大户。夫妻俩看到群星广场是个活动休闲的好场所,他们也不甘落后,就成了常客,如今是"广场音乐响,脚底就发痒,急着跳舞跑广场"。这些事情在我的脑子里也实在太多太多,并且使我难以忘怀……

人之有情,谁能熟视无睹,对于群星广场的向往,人们已习以为常。如遇雨雪天,一两天不见,人们就觉如隔三秋。这里也是信息交流之地,张家长、李家短,大家都一清二楚。如遇困难,问寒问暖、慷慨相助,如汶川地震有大家的募捐,舟曲泥石流也有他们的爱心善举。

忆往昔,七年前,时任文化站长的我为群众缺少娱乐休闲场地而担忧。为了破解这个难题,镇党委、政府和集团将镇中心四个磁钢厂外迁,腾出江滨这块五十余亩空闲地块。据估算,这块风水宝地作为商业用地和房地产开发的话,价值起码在亿元以上,而作为广场娱乐用地还要倒贴五千万元建筑和绿化等费用。这一举动令人叫绝,有道无形算有形,花掉五千万,丢掉上亿元,换来的是千家欢、万人笑和累累的精神硕果,这孰轻孰重,不是一清二楚吗?

每当我看到人们跳着轻盈的舞步,听着欢快悠扬的乐曲,我的心里就像喝了蜂蜜似的。

群星广场有你,有我,有大家;它是一个健身活动娱乐休闲之地,也是一个幸福开心、放飞心灵之地,更是一个团结和谐美满之地。七载的风雨历练,她已长成一个学前的孩儿,更像春风中的小草,苗壮成长,我将一如既往倍加珍惜和呵护她!

2011 年 12 月

注:本文获 2010 年 10 月金华市首届乡镇文化员才艺大赛散文类金奖。

谈厉氏文化

——对当今社会发展的启智和深思

　　吴宁厉氏是姜太公玄孙齐厉公后代，是东阳历史上最早的村族之一，唐时居东阳四大家族（厉、冯、舒、腾）之首，宋代开五府（厉、何、乔、马、葛）第一，被誉为婺之第一望族。

　　厉氏在东阳已有 1500 多年历史，分衍于大江南北多个省市地区，已有上百万宗亲。截至清末，历史上厉氏出第进士有 34 名，武状元 1 名，出任为官的有 147 名，有宰相、大都督、户部尚书、副节度使、太师、侍御史、翰林大学士、大夫、刺史，还有著名诗人、学者、画家多人，可谓人才济济。

　　时代飞逝，先人已去。然厉氏祖先们为我们创造了丰厚的厉氏文化，它对东阳乃至金华甚至全省人文精神的形成都有重要的影响，这是先辈留给后人的一笔宝贵财富。对厉氏在 1500 多年历史长河中形成的文化现象加以分析，给后人、给当今社会发展许多启迪，更让后人深思。

一、敢为天下先的创业精神

厉氏之所以是望族,扬名天下,就在于其祖上敢为天下先。唐时始祖厉文才率先参加科考,获金华地区最早进士,同时也率先在横店开发了这块处女地,传至今世的都督堰就是一个实证,为东阳、金华乃至全省农耕经济的社会文明开了先河。在明朝,厉氏的先人又创设了"横店义市",率先在横店形成资本经济社会,为横店社会经济的形成和发展做出了重大贡献,也为今天社会发展所崇尚。

二、耕读传家的执着精神

厉氏向来崇尚耕读传家。古有文武双全的厉仲祥,勤学苦读精神传为美谈;今有厉氏第 44 代孙,全国政协副主席,著名经济学家学厉无畏自学成才成为佳话,还有近年的厉宝平、厉锦辉、厉震林等年轻人,都是厉氏勤学苦读精神化身的典型代表。

三、乐善好施,为官清廉的优秀品格

厉氏尊儒重教、恪守道德、嘉贤惩恶,家规中有"子孙仕者,当尽忠补,不可贪污酷虐……宁可清而不足,不可浊而有余;其不仕者,忠厚处公事,当尽心竭力,排难解纷……"久而久之形成的家风,成为后人崇尚的道德规范。这为当今社会所称颂和效仿。如始祖厉文才

加官晋爵、帝恩隆宠时急流勇退，解甲归田，筑堰开渠，广播农桑，利及黎民；还有在朝为官的厉仲祥尤爱民，为民请命，庆元五年十二月，渭河决堤，六月不涸，田苗不苏，人民极苦。厉仲祥为此上《安辑淮民疏》，提出"先安民，再御敌"。再有厉云波志承祖德，乐善好施、济贫赈灾、泽及于人，三十年乐此不疲，这实属罕见。

四、倡导"义"字，诚实、守信、公平、公正的交易原则

明代时的厉氏先人，创设横店义市，倡导"义"字，推崇诚实守信、公平、公正的商品交易原则，这在几百年前，特别是封建社会，实属少见。不知是厉氏先人们有先见之明，还是对社会有真知灼见，这种诚实、守信做人的基本原则，对当前市场经济的现状有着重要的参考价值。

（本文发表于《厉氏文化研究》2012 年第 1 期）

一张名片的来历

　　"东方好莱坞——横店影视城"这句广告词在国人眼里已经十分熟悉,可谓家喻户晓,深入人心。可又有谁知道它的来历呢? 这还得从我收藏的一张名片说起。那是 2003 年,笔者在横店镇办事大厅任主任,在这期间,根据掌握的资料,撰写了"横店文化产业风景正好"的调查报告。2003 年 7 月 26 日,该报告以较大篇幅登载在《中国文化报》第 2 版,引起了当时社会上的关注。同年 10 月,文化部文化市场产业司一位高姓女司长,一行三人来横店调研文化产业发展情况,我参与全程陪同,不巧的是,横店集团徐老总因事外出,由孙是炎先生负责接待和介绍。

　　2004 年 4 月春暖花开之际,一位美国友人来华考察。不知什么原因,鬼使神差出现在横店老政府三楼我的办公室中,我抬头一看:天哪,蓝眼睛,勾鼻子,满脸胡子,又细又长的个子,年龄四十出头,人很面善,笔直地站在我办公桌前不出声。他随手递给我一张名片(附后),我接过一看,天哪,全是英文。我说:"我看不懂英文。"他接过手,在名片另一面写下了"顾尤勤　南加州大学"八个中文字(附后)。

据交谈了解,这位美国先生是上面有关部门介绍到我这里,因为我时任横店镇文化站站长。对此,我用一杯白开水招待了他。幸好这位美国先生会中文,但不很流利,交谈起来很生硬。我简要讲解了横店概况,特别是横店集团发展文化产业的状况,他都听得很认真,并用英文一一做了记录,同时还不时发问,我都做了解答。谈话共进行了40多分钟。为了满足他的要求,我将收集的相关资料,以及我在《中国文化报》刊登文章的那张报纸也一并送给了他。他表示感谢,连声说:"OK! OK!"

顾尤勤先生回美国后,在南加州大学校刊上撰文,称横店是"东方好莱坞"。随后又在美国其他一些报刊上陆续登载了他撰写的文章,就这样,横店在美国声名鹊起。随后国内一些相关刊物又转载了他的文章,由此在全国各地出现了"东方好莱坞——横店影视城"这句广告语。可惜的是,他当年给我的回信找不着了。

如今的"东方好莱坞——横店影视城"已今非昔比,截至2013年年底来横店旅游的人数已突破千万人数之多,光影视业一项上交政财就达10亿多元,成为横店镇一个支柱产业,并带动了许多相关产业,有力地推进了横店城镇化进程,预计不久的将来,横店将再掀起一轮发展高潮。据测算到2018年末,来横店旅游的人数将达两千万人次，届时横店将更加美丽、妩媚。

2013 年 3 月 30 日

Eugene Cooper
Associate Professor
Department of Anthropology

College of Letters, Arts and Sciences

University of Southern California
3502 Trousdale Parkway, Room 169
Los Angeles, California 90089-0032
Tel: 213 740 1905
Fax: 213 747 8571
e-mail: eugeneco@usc.edu

顾尤勤

南加州大学

编 后 记

我深深地眷恋着脚下这片土地，

我无限热爱生活在这片土地上的人们，

我每天都被这片土地上的人和事所感动……

日有所思，夜有所梦，我想把我见到的听到的以及想到的一一记录下来。但我一握手中之笔，犹如千斤之重，不知如何下笔，有时夜不能寐也难以成文，所写下来的也只是只言片语，前后不搭，于是一拖再拖，直至今天，说明我的文化知识太少。

凭着老老实实做人，认认真真做事，我从事群文工作已有三十年，再加在部队和担任教师的时间，已整整四十周年。忆往昔，真是感慨良多。

首先，感谢我生活工作在脚下的这片土地和这里的人们：是他们创造了奇迹，创造了美好生活。这里在全国独树一帜——横店影视文化城，闻名遐迩，享誉中外。其次，这里深厚的文化积淀造就了科学泰斗、一代宗师、全国人大原常委会副委员长严济慈。保存了三百年之久的国家级文物——东阳定武兰亭碑；同时出过唐朝都督厉文才,当代全国劳动模范、知名企业家徐文荣、郭向东、郭广昌等。目前这里已获得"全国小城镇综合改革实验区""国家星火技术密集区""国家卫生镇""国家影视产业区""国家可持续发展实验区""全国文化产业实验区""全国第八批亿万农民体育健身活动先进乡镇"等 20 多个国家级实验区称号。

横店镇的崛起,引起了党和国家的高度关注和重视。先后有习近平、李长春、刘云山、李岚清、曾培炎等党和国家领导人莅临指导,充分肯定了横店的做法和发展之路。

对于横店镇上东小区创建"小康文化示范村"的做法,当时的《中国文化报》总第 4263 期第 1 版"浙江百村农民文化生活调查之一"是这样评价的:"东阳市横店镇上东村的健身秧歌既健身又娱乐,群众很喜爱,从开始的十几人发展到如今的 10 余支几百人。"同时又评价了东阳市横店镇的杨店社区成为名副其实的演员村。"在横店影视城里拍摄电影需要很多群众演员,喇叭一喊,手一挥,就能招来一拨群众演员。"

特别值得一提的是横店影视旅游独树一帜,从无到有,从小到大。数年来,旅游人数年均达上千万人次,位列全国前三。朋友,或许您不知昔日的横店是一个交通闭塞、十年九旱的穷乡僻壤,有民谣为证:"有女不嫁横店郎,一日三餐薄粥汤。""眼望八面山,苦菜薄粥汤。"即使到了 1975 年,人均年收入也只有 75 元,贫穷状况显而易见。

　　党的改革开放政策犹如和煦的春风吹醒了这片古老的土地，涌现了许多仁人志士，特别是以徐文荣、郭广昌为代表的企业家。他们善于谋划，敢闯敢干，成就了创业大厦，带领这里人们艰苦创业、谋求生活幸福，使这里的面貌奇迹般地发生变化。

　　作为工作生活在这片土地上的我，每天为这里发生的变化高兴和感叹。说起文化工作，真是有喜有忧、有苦有甜。喜的是看到百姓们享受文化娱乐，忧的是当年搞文化活动经费拮据，四处"化缘"却仍欠缺经费。苦的是花费心血精力，得不到领导和同志们理解，甜的是百姓们看完活动喜笑颜开。在这片土地上，我先后参加了数届横店中国农民旅游节大型文艺民俗活动，多时有三千余人参与民间文艺活动，曾经引来近十万观众驻足观看，可谓万人空巷，人山人海。在小小的群文天地里也曾经获过"浙江省非物质文化遗产普查先进集体""浙江省东海明珠乡镇""浙江省首届体育强镇""全国第八批亿万农民体育健身活动先进镇"等集体性荣誉称号和"浙江省群众体育活动先进个人"等奖励。

　　在我看来：一个小小的乡镇文化员尽管默默无闻，势单力薄，无权无势无钱，可他一旦组织起群众，发动起成千上万的群众参与文化活动，表演出一场震撼人心的舞台大戏，瞬间爆发出的能力，绝不亚于一个政治活动家开大会时的鼓动力。

参加乡镇工作后,由于历经乡镇机构改革、人员分流、撤扩并和跨乡镇调动,又因在横店镇数次变动工作岗位,从办事处到镇机关,再从镇机关到办事大厅,从文化员到站长再到文化员;从工作人员到副片长、办事处主任、党委书记、镇办事大厅主任再回到一般工作人员。特别是 2012 年送金华评高级职称时,原件和证明资料全部散失,查无下落,因此,本次收录的只是从相关渠道得到的稿件和资料。

在繁忙的工作之余,忙里偷闲,将工作中的心得体会、看法、经历、做法付诸文字,做了记录,尽管不是生花妙笔、洋洋万言,或许词不达意,甚至语言不通,在行家里手看来,可能是拙劣之作,但不妨丑媳妇见公婆,让大家一睹为快吧!

在我记录的言语中,都是身边发生的人和事,而撩拨我心灵的所思、所想、所念、所盼的是让老百姓高兴,让老百姓快乐。文中的一些看法、见解、认识是肤浅的,也或许是片面和谬误的。恳请大家批评指正和谅解。

值此机会,感谢我的老同学、战友,浙江师范大学党委书记陈德喜在百忙之中,抽出宝贵时间为我的小册子作序。

感谢和我一起工作过的同事及领导对我的工作的大力支持和帮助。

感谢厉天德老师为这本小册子的出版建言献策。

感谢各级文化主管部门的领导、老师多年来对我的悉心培育和指导。

胡天申

2014 年 5 月于横店